Ein '24 Mouton Rothschild
ist etwas, das Sie nicht vergessen werden.
Wir befanden uns
auf Claires Sommersitz.

Oder war es The St. Regis?

The St. Regis
NEW YORK

EIN ITT SHERATON LUXUSHOTEL

FIFTH AVENUE UND FIFTY-FIFTH STREET, NEW YORK, NEW YORK 10022 • TELEFON 0130-35 35 • TELEFAX 069.693966

GEO SPECIAL

Verlag Gruner + Jahr AG & Co, Am Baumwall 11, 2000 Hamburg 11. Postanschrift für Verlag und Redaktion: Postfach 11 00 11, 2000 Hamburg 11, Telefon: 040/37 03-0. Telex: 21 95 20. Telefax: 040/37 03 56 48

CHEFREDAKTEUR
Dr. Werner Funk
STELLV. CHEFREDAKTEUR: Peter-Matthias Gaede
ART DIRECTOR: Erwin Ehret
GESCHÄFTSFÜHRENDE REDAKTEURE
Christiane Breustedt (Bild), Wolfgang Vollmert (Text)
TEXTREDAKTION
Ernst Artur Albaum, Rolf Bökemeier, Dr. Henning Engeln, Uwe George, Uta Henschel, Dr. Reiner Klingholz, Dr. Erwin Lausch, Martin Meister, Wolfgang Michal, Jens Rehländer, Johanna Romberg, Michael Schaper, Andreas Wolfers

Berater der Redaktion: Hermann Schreiber

INFO-TEIL: Brigitte Strunck
BILDREDAKTION
Elke Ritterfeldt (Stellv. Leitung), Juliane Berensmann-Nagel, Nele Brass, Venita Kaleps, Sabine Wuensch
LAYOUT
Franz Braun (Leitung), Peter Dasse, Johannes Dönges, Andreas Knoche, Andreas Krell, Monika Thomsen, Peter Voigt
KARTOGRAPHIE: Günther Edelmann, Rainer Droste
SCHLUSSREDAKTION
Hinnerk Seelhoff (Leitung), Dr. Friedel H. Bastein, Jürgen Brüggemann, Manfred Feldhoff, Hans-Werner Kühl, Sigurd-Falk Weber
Assistenz: Hannelore Koehl
DOKUMENTATION
Peter Flak, Dr. Arno Nehlsen, Uwe M. Reisner, Dr. Peter W. Reuter
GEO-BILDARCHIV
Birgit Heller, Gunda Guhl-Lerche, Peter Müller
FARBIMPRIMATUR: Norbert Kunz
GEO-BÜROS
Moskau: Wladimir Pyljow, 121 099 Moskau, Smolenskaja Ploshad 13/21 189, Tel. 0070 95 248 70 81; **New York:** Ruth Eichhorn (Leitung), Brigitte Barkley, Wilma Simon, 685 Third Avenue, 22nd Fl., New York, NY 10017, Tel. (212) 599-4040/43/44/45.
Verantwortlich für den redaktionellen Inhalt: Wolfgang Vollmert

VERLAGSLEITER: Heiner Eggert
ANZEIGENLEITER: Rolf Grimm (verantwortlich für Anzeigen)
VERTRIEBSLEITER: Uwe Henning
HERSTELLER: Thomas Koch

GEO-Special-LESERSERVICE
Gruner + Jahr AG & Co
Postfach 10 25 25, 2000 Hamburg 11
Postscheckkonto Hamburg 240 00-209, BLZ 200 100 20.
Tel. 040/37 03 33 26
Schweiz: GEO-Special Leserservice, 6045 Meggen, Tel. 041-37 36 78
Österreich: GEO-Special Leserservice, DPV Wien, 1011 Wien; Tel. 0222/513 78 07
Jahres-Abonnement Inland DM 76,80 frei Haus. Jahresabonnement Schweiz sfr 76,80 frei Haus. Jahresabonnement Österreich öS 570,– frei Haus. Jahresabonnement übriges Ausland auf Anfrage: GEO-Special-Leserservice, D.P.V., Postfach 10 16 02, 2000 Hamburg 1. Tel. 040/23 71 12 46

Heft-Preis: DM 14,80 · ISBN-Nr. 3-570-02022-3

ISSN-Nr.: 0723-5194
Anzeigenpreisliste Nr. 20 vom 1. 1. 1993
Bankverbindung: Deutsche Bank AG, 2000 Hamburg 1, Konto Nr. 03 22 800.
Dieser Ausgabe liegt das Supplement INFO-TEIL bei

Satz: apu Hamburg
Offsetdruck: MOHNDRUCK
Graphische Betriebe GmbH, Gütersloh

Liebe Leserin, lieber Leser

Sie behaupten also, Sie kennen New York. Sie haben sich an der Paßkontrolle am Kennedy Airport die Beine in den Bauch gestanden, sind durch den Central Park flaniert, waren in SoHo und in Chinatown und haben die Museen durchwandert. Ihnen kann keiner mehr etwas Neues bieten aus der Hauptstadt der Welt?

Vorsicht. Waren Sie nachts um zwölf schon mal im Central Park, wenn sich dort die Entwurzelten und Verlassenen treffen, die harmlosen und die nicht so harmlosen Verrückten?

Hatten Sie jemals die Gelegenheit, Chinatowns Gangster aus der Nähe zu sehen oder die Herrscher der Wall Street zu treffen?

Sind Sie je mit einem russischen Schriftsteller von Weltrang durch die Stadt marschiert und haben dessen Vergleichen zwischen dem „phallischen" New York und dem „weiblichen" Moskau zugehört?

Wir haben all diese Ausflüge für Sie unternommen. Wir haben Reporter zu den Kokainrauchern von Brooklyn geschickt und zu den Reichen an Manhattans Upper East Side. Wir haben zwei jüdisch-orthodoxe Sekten besucht, die bereit sind, sich gegenseitig die Schädel einzuschlagen, wenn es um den rechten Weg zu Gott geht.

Und wir haben zwölf Fotografen gebeten, uns *ihr* New York zu zeigen: Bilder über den Rhythmus der Stadt, ihre Stimmungen, ihre Aggressivität, ihre Hysterie ihre Melancholie.

Auf dieser Fotostrecke werden Sie neben impressionistischen Schneelandschaften auch eine Sequenz über die Verwandlung eines Mannes in einen Werwolf finden. Und eine Geschichte über das kurze, traurige Leben von Jesus Christus in New York. Keine Postkartenansichten also, sondern Bilder vom Lebensgefühl einer stets zwischen Hochstimmung und Absturz oszillierenden Stadt.

In diesem GEO-Special schreiben einige der besten, der nachdenklichsten Beobachter New Yorks über die Seele und das Wesen dieser Metropole. Autoren wie Lance Morrow von „Time", der versucht, die Magie Manhattans zu ergründen. Oder Jim Dwyer von „Newsday", der sich mit der merkwürdigen Haßliebe des New Yorkers zu seiner Stadt beschäftigt.

Damit Sie sich an dem Ausflug ins Abenteuer New York beteiligen können, haben wir Ihnen zusätzlich ein 60seitiges Info-Magazin mit wichtigen Tips und Adressen erarbeitet – zum Einstecken.

Sie sollen nicht sagen, wir hätten Sie mit dieser Stadt alleingelassen.

Ein Gefühl wie »Top of the world«: Ausblick von einer Terrasse des Chrysler Building über Downtown Manhattan

Herzlich Ihr

Michael Schaper

Michael Schaper

ESSAY

Das Epizentrum

Wenn die Erde eine Hauptstadt hat, dann in Manhattan. Hier können wir die Welt erleben, wie sie morgen sein wird, vielleicht. Zwölf Fotografen erläutern ihre Sicht New Yorks; und Jim Dwyer sucht eine Antwort auf die Frage, wie es auszuhalten ist – dieses von Gegensätzen zerrissene Leben rund um die Manhattan Bridge. Seite 8

METROPOLIS

Der Traum von einer Stadt

Wie Bauklötze einer fremden Zivilisation erheben sich die Stahl-und-Glas-Vertikalen der Wall Street über der Stadt und lassen einen an Orte denken, die nicht von dieser Welt sind. Lance Morrow über New Yorks Magie. Seite 74

CRACK

Der Tod unter der Schädeldecke

Kokain, aufgekocht mit Wasser und Backpulver, ergibt Crack, das schnellste Gift New Yorks, die Rezeptmischung für ein schwereloses Hirn: billig, umkompliziert, tödlich. Andreas Altmann traf in den Slums von East New York auf den ausdauerndsten Killer der Stadt. Seite 46

GEO SPECIAL

CHINATOWN

Die Macht der Schatten

Seit 100 Jahren wird Manhattans Chinesenviertel von geheimnisvollen Bruderschaften beherrscht, die das Touristengeschäft ebenso im Griff haben wie den Handel mit Heroin. Jetzt versuchen sich Nachwuchsgangster mit Mord und Totschlag ins Business zu drängen. Eric Pooley über den Krieg um Chinatown. Seite 102

CHASSIDIM

Der lange Weg zu Gott

In Brooklyn haben Osteuropas strenggläubige Chassidim nach 1945 eine neue Heimat gefunden, hier wartet die in zehn Sekten aufgesplitterte jüdisch-orthodoxe Bewegung auf den Messias. Einer Gruppe, den Lubawitschern, ist er bereits erschienen – in Gestalt des 90jährigen Oberrabbiners Menachem Schneerson, der Wunder wirken soll und der seine Talmud-Lesungen vor Tausenden von Gläubigen zelebriert. Jim Dwyer besuchte die jüdischen Schtetl mitten in Brooklyn. Seite 124

LONG ISLAND

Manhattan jr.

Wer immer es sich leisten kann, zieht während der heißen Sommerwochenenden hinaus nach Long Island. Hier kann der geneigte Besucher dann die zweite Erschaffung Manhattans bestaunen: die genaue Reproduktion des Gesellschaftslebens in der City. John Leo über das Sylt der New Yorker. Seite 144

Titelfoto: Georg Fischer/Bilderberg

Redaktionsschluß: 11. 1. 1993

INFO-HEFT: **60 Seiten Tips, Adressen und Informationen**

N.Y.

Wenn die Welt eine Hauptstadt hat, dann in Midtown Manhattan. Hier beginnt vieles sehr viel früher und sehr viel rascher als anderswo, hier entstehen jene Beben, die oft genug den Globus erschüttern: politisch, wirtschaftlich, kulturell. In New York können wir die Welt erleben, wie sie morgen sein wird, vielleicht. Für GEO erläutern zwölf Fotografen ihre Sicht der Stadt – ihr Tempo und ihren Rhythmus, ihre Magie und ihre Geheimnisse, ihre Schönheit und ihre Abgründe. Der erste: Hiroji Kubota aus Japan, der im morgendlichen Manhattan »das endgültige Stück Amerika« erkennt

DAS EPIZENTRUM

Subwaystation Grand Central

“ New York, das ist für mich der rhythmische Takt der Züge in einer der belebtesten U-Bahn-Stationen der Welt. Er symbolisiert so etwas wie den Energiestrom der Stadt. Die Wörter und Zeichen auf den Pfeilern sind wie Gedichte auf den ›Manhattan Transfer‹. Tausende sehen diese Station jeden Tag, aber kaum jemand erkennt ihre Poesie ”

Elizabeth Lennard, 39, in New York geboren, fotografiert schwarz-weiß und koloriert ihre Bilder anschließend

N.Y.

own
ss
Downtow
Local
LEX AVE
DOWNTOWN
LEX AVE
DOWNTOW
DOWNTOWN
LOCAL
GRAND
CENTRAL
42 ST
DOWNTOWN
LOCAL
GRAND

Brooklyn Heights; Dachterrasse über Broadway und 23rd Street

„ New York ist für mich ein mysteriöser Ort, eine große Bühne des Bizarren und Ungewöhnlichen. Hier treten die Menschen auf, um eine Rolle zu spielen. Und ihre Vorbilder kommen vor allem aus dem Kino. Deshalb habe ich in einer Modeserie einen Mann in einen Werwolf verwandelt. Und deshalb auch vor dem Clock Tower diese Figur wie aus dem Kabuki-Theater **“**

Art Kane, 67, New Yorker, ist einer der bekanntesten Modefotografen der USA

N.Y.

Strand und Promenade von Coney Island

„Schon meine Eltern haben mir von Coney Island erzählt: von jenem merkwürdigen ›Sodom an der See‹, das Strandbad war und Vergnügungsviertel zugleich, Anziehungspunkt für Touristen wie auch für Außenseiter. Es ist einer dieser verlorenen Orte New Yorks"

Lynn Butler, 39, fotografiert seit Jahren Coney Islands langsamen Verfall

N.Y.

33rd Street an der 8th Avenue

“ Die Bandbreite zwischen Ruhe und Entspannung einerseits und kaum auszuhaltender Hektik andererseits ist in New York so groß wie nirgendwo sonst, ausgenommen vielleicht Paris. Wahrscheinlich ist es deshalb keine schlechte Idee, die Kamera in Kniehöhe zu halten, um etwas von der Wuseligkeit dieses Ortes einzufangen **”**

Wilfried Bauer, 48, gehört zu den wenigen deutschen Fotografen, die auch von Kollegen uneingeschränkt bewundert werden

N.Y.

NEW
YORKER

»F«-Train der Subway vor Coney Island und in einer Station

“ Die U-Bahn ist der große soziale Gleichmacher New Yorks. Menschen aus allen Ländern der Erde sind für eine kurze Zeit zusammengezwängt, reisen miteinander durch Zeit und Raum. Vom Zug aus bekommen sie eine Ahnung dieser Stadt: ihrer Lichter, ihres Lebens, ihrer Melodie, ihrer Rhythmik ”

Bruce Davidson, 59, verbrachte für seine Subway-Reportage ein Jahr in den U-Bahnen New Yorks

N.Y.

Manhattan Bridge; Central Park; Metrostation Ecke 23rd Street und 8th Avenue

❝ Manhattan im Blizzard. Das sonst so hektische Räderwerk New Yorks steht plötzlich still. Du kannst auf der Manhattan Bridge mit Skiern deine Spuren ziehen, über autoleere Kreuzungen wandern oder den Ampeln bei ihrem sinnlosen Farbenspiel zuschauen. Eine magische, fast surreale Stimmung ❞

Jan Staller, 40, im Staate New York geboren, hat wie nur wenige andere versucht, das besondere Licht dieser Stadt einzufangen

N.Y.

Central Park und Statue of Liberty

„Hunde und die Freiheitsstatue sind die perfekten Symbole dieser Stadt. Ich wäre am liebsten auch ein Hund und könnte frei im Gras umherlaufen, anstatt diese Gefängnisstrafe abzusitzen, die man gemeinhin ›Karriere in Manhattan‹ nennt. Aber wer vorankommen will, muß diesen Knastaufenthalt dann wohl hinnehmen"

Chip Simmons, 34, flüchtet wann immer er kann auf seine Farm in New Mexico

N.Y.

CHRIST IN NEW YORK

1 Christ is sold on television by a religious hypocrite

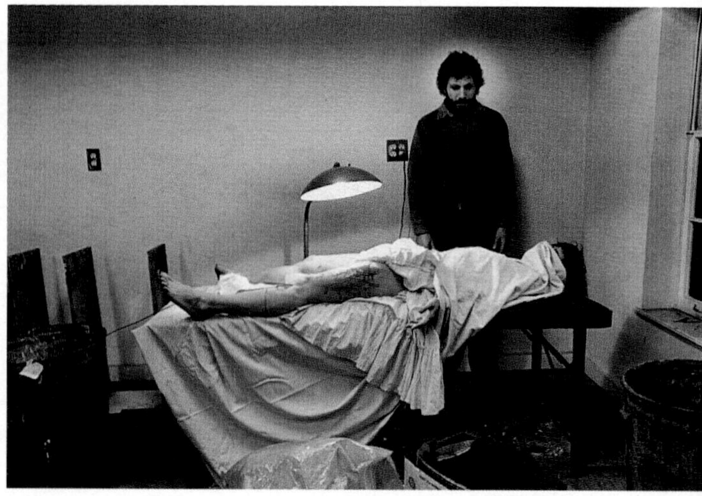

2 Christ cries when he sees a young woman die of illegal abortion.

1. Christus wird im TV von einem scheinheiligen Prediger angepriesen

2. Christus weint, als er eine junge Frau nach einer Abtreibung sterben sieht

3. Christus und ein Homosexueller werden geschlagen

4. Christus ißt Hundefutter mit einer alten Ukrainerin in Brooklyn

5. Christus sieht, wie eine Frau angegriffen wird

6. Christus wird bei einem Überfall erschossen. Er ist wieder auf die Erde gekommen, und niemand hat es bemerkt

3 Christ is beaten with a homosexual.

4 Christ eats dog food with an old Ukrainian lady in Brooklyn

5 Christ sees a woman being attacked.

6 Christ is shot by a mugger with a handgun and dies. The second coming occurred, and no one noticed

❝ Käme Jesus heute nach New York, fände er: bigotte Prediger, Hinterhof-Abtreibungen, Armut, Vergewaltigung, Kriminalität. Meine Fotos sind Statements gegen die Scheinheiligkeit. Das ist wichtiger, als pittoreske Aufnahmen der Stadt zu machen ❞

Duane Michals, 61

N.Y.

12th Avenue, Höhe 35th Street

❝ Wie der Fuji erhebt sich das Empire State Building aus dem Häusergewirr, als wache es majestätisch über das Leben in der Stadt. Manchmal ist seine Gestalt in Nebel gehüllt, manchmal ist sie wie in Silber geprägt, dann wieder vom Sonnenlicht vergoldet. Obwohl ich das ›Empire‹ seit Jahrzehnten kenne, überrascht es mich immer noch. Und mitunter raubt mir seine Schönheit sogar den Atem ❞

Joel Meyerowitz, 54, nähert sich seiner Heimatstadt immer wieder mit dem Blick des Landschaftsfotografen

N.Y.

Coca-Cola
LUNCHEONETTE SODA SANDWICHES
Coca-Cola

Lower East Side

“ Ihr Name ist Venus. Sie hat Aids, ist obdachlos und drogensüchtig. Ihre Pose aber zeigt dennoch all die Hoffnung, all das explodierende Leben inmitten dieses verkommenen, verwahrlosten Manhattan. Ich glaube, es gibt unter dieser Insel ein ungeheuer großes Energiefeld, dessen Kraft durch Risse im Granit langsam nach oben steigt. Diese Energie dringt in jedes Gebäude, jeden Baum, jede Person auf der Straße. Sie gibt uns Kraft. Dieses Foto erzählt vom Überleben: Venus ist, wie alle New Yorker, eine Überlebende ”

Scott Thode, 36, begleitet Venus seit vier Jahren

N.Y.

Houston Street

❝ Ein Graffito. Aber keines dieser Hip-Hop-Chiffren, die niemand versteht, sondern: Werbung. Domestizierte Kunst also. Eine Brandmauer wird im Auftrag der Modefirma ›Donna Karan New York‹ mit einem Panorama bemalt, wie es sonst keiner sieht, keiner sehen kann, denn in Wirklichkeit steht die Freiheitsstatue auf der entgegengesetzten Seite von Manhattans Hochhausgebirge. Vielleicht ist dies das amerikanische Symbolbild schlechthin: die Statue of Liberty im Dienste des Kommerzes ❞

Lionello Fabbri, 55, lebt in Rom

N.Y.

»Nichts in Amerika ist von einer so tödlichen Faszination wie New York; diese Stadt sitzt wie eine Hexe am Eingangstor des Landes.«

James Weldon Johnson, schwarzer Essayist, 1909

EINE SELTSAME AFFÄRE

New York, das ist Amerika – und auch wieder nicht. Das ist »God's own country«, aber von draußen betrachtet. Das ist der Mythos vom Schmelztiegel, widerlegt jedoch durch die erbitterten Kämpfe der Stämme dieser Stadt. Das ist die tägliche Katastrophe, der Zusammenprall von Erster und Dritter Welt, »Kalkutta am Hudson«. Das ist aber auch ein Ort, an dem alles Neue, Unruhige, Spannende früher zu spüren ist als anderswo. Und das ist die fast pathologische Haßliebe der Bewohner zu ihrer Stadt. Was genau hält einen New Yorker in New York? Jim Dwyer versucht eine Antwort

Vor etwas über zwei Jahren wurde New York eines Montagmorgens unvermittelt von einer grimmigen Warnung des größten Nachrichtenmagazins der Nation aufgeschreckt: Das Ende war nahe. „Der Big Apple verfault", verkündete dröhnend die Titelseite von „Time". Die Zeitschrift hatte New Yorker gefragt: „Ist das Leben in der Stadt für Sie einfacher oder schwieriger geworden?"

Einfacher? Das fanden 11 Prozent der Befragten.

Unverändert? 15 Prozent waren dieser Ansicht.

Schwieriger? Darauf antworteten nicht weniger als 72 Prozent: Unbedingt, keine Frage, klarer Fall, ja, es sei schwieriger geworden; drei Viertel bezeichneten New York als schmutzig und gefährlich, und die meisten bekundeten, sie wollten am liebsten fortziehen, weil die Lebensqualität rapide abgenommen habe.

Bei den New Yorkern hatte sich laut „Time" die „Überzeugung verbreitet, daß die Stadt aus dem Ruder gelaufen und außer Kontrolle geraten ist".

Freilich erwähnte das Magazin nicht, wer denn New York je zuvor unter Kontrolle gehalten habe. Mir kam beim Lesen dieser Umfrage eine Fahrt mit der U-Bahn in den Sinn; das war vor ein paar Jahren, ehe man die Graffiti von den Zügen geschrubbt, neue Wagen eingesetzt und die Subway bequemer und zuverlässiger gemacht hatte.

Damals betrat ein schwarzer Geistlicher den D-Train in der Bronx, ein frommes Lied auf den Lippen, und hielt ein Schild an einem Besenstiel hoch.

„Tut Buße!" stand auf dem Schild. „Jesus sagt, das große Erdbeben kommt!"

Ein Fahrgast sah kurz von seiner Zeitung auf und las die grimmige Weissagung. „Auf dieser U-Bahn-Linie gibt es außer Heuschrecken schon sämtliche biblischen Plagen", bemerkte er trocken. „Da wäre ein Erdbeben vermutlich eher segensreich."

Welcome to New York. Wenn Sie uns besuchen, vergessen Sie bitte nicht, daß wir alle gerade die Flucht planen: Sie ist unvermeidlich. Und wenn auch der Termin des Ausbruchs noch nicht feststeht, so wissen wir doch, daß er uns an einen trostreichen Ort führen wird, wo die Nächte friedlich sind, die Tage mild und die Straßen gut geteert.

Uns Bewohnern ist der Aufbruch vorbestimmt. Wir sind nur Mieter dieser Stadt, keine Eigentümer. Unsere Seelen liegen auf Eis, unsere guten Herzen sind tiefgefroren bis zu jener seligen Stunde, da wir diesem Asphaltdschungel entkommen sind und wieder Verwendung haben für unsere besseren Instinkte.

So jedenfalls hört man es allenthalben. In Wirklichkeit aber lieben wir diesen fortwährend unmöglichen Ort. Wo sonst kann man noch zu sehr später Stunde einen Snack bekommen, wie etwa beim „Papaya King", einem Hot-dog-Stand an der 86th Street, Ecke Third Avenue?

In mancher Hinsicht ist das Papaya King so gut wie jedes Restaurant in New York, denn es werden nur Frankfurter Würstchen und Fruchtgetränke verkauft, zum Beispiel ein Mix aus Milch und frischem Papayasaft, für den der griechische Besitzer höchstselbst durch vier oder fünf Zeitzonen gedüst ist, um auf Hawaii die besten Früchte einzukaufen. Von dieser Mühe künden Schnappschüsse an den Wänden, die den guten Mann inmitten seiner Papayas zeigen.

Im Papaya King, inmitten einer Unzahl von Postern aus dem Ministerium für Papaya-Propaganda, denen wir entnehmen können, wie unglaublich gesund diese Tropenfrucht ist, herrscht ein hemdsärmeliger bis rüder Ton, und die Frotzeleien und Grobheiten prasseln hernieder wie Hagelkörner. Das Publikum drängelt und verlangt lautstark nach Hot dogs.

Der Mann hinter dem Tresen trägt einen dicken weißen Verband um den linken Daumen.

„Jetzt bin ich aber dran", mault ein ungeduldiger Kunde.

„Ich weiß schon, wo es weitergeht", erwidert der Würstchenmann herb.

„Passen Sie bloß auf", sagt der Kunde, „sonst beiße ich Ihnen auch noch in den anderen Daumen." Und er sieht so aus, als sei es ihm durchaus ernst damit.

Oh, gewiß, der Tag ist nicht fern, an dem sämtliche Einwohner New Yorks sich irgendwo anders niedergelassen haben werden.

„Bei all dem Reichtum und Glanz dieser Stadt finden wir doch nur sehr wenig gute Manieren", hat John Adams, der zweite Präsident der Vereinigten Staaten, einmal gesagt. Das begab sich im Jahr des Herrn 1774, als noch niemand an das Papaya King dachte.

„Sie reden laut, sehr hastig und alle zur gleichen Zeit", stellte Präsident Adams damals fest. „Wenn sie dir eine Frage stellen, schnattern sie schon wieder los, kaum daß du noch drei Wörter entgegnet hast, und decken dich mit ihrem Redeschwall zu."

„New York hat in fast allen Kategorien das Beste, das Größte und das Meiste zu bieten; nur an einem fehlt es – an Höflichkeit", erklärte „Time" und griff damit gut 200 Jahre später Adams' gemeine und häßliche Verleumdung wieder auf.

Wahrlich, ich sage euch: Das ist nichts anderes als die blanke Unwahrheit. Die Stadt ist hilfreich und freundlich bis auf die Knochen. Die Freundlichkeit ist geradezu institutionalisiert, und sie zeigt sich immer wieder ganz unvermittelt an einer Straßenecke oder in einem U-Bahn-Wagen. Wenn es nötig wäre, würden eine Million New Yorker spontan ihre Hilfe anbieten. Das gibt es. Ich kann es nicht mit einer Statistik untermauern, aber ich habe es erlebt, und ich weiß es vom Hörensagen. Die folgende Geschichte, die mir ein Freund erzählt hat, kann für viele andere stehen und mag für alle Ewigkeit den Beweis liefern.

Eine Frau namens Margot Letwin, die unter starker Migräne litt, taumelte an der Ecke Broadway und 72nd Street halb ohnmächtig aus der U-Bahn und sank zu Boden. Als sie wieder zu sich kam, lag sie auf dem Bahnsteig. Ein Mann fächelte ihr kühlende Luft zu, und eine platinblonde Frau hatte sich über sie gebeugt.

„Das wird schon wieder", sagte der Mann, ein Schwarzer.

„Danke", hauchte Margot.

„Nein, danken Sie Gott. Er hat mich hergeschickt, damit ich Ihnen helfen kann."

Eine junge Frau wollte wissen, ob schon jemand die Polizei benachrichtigt habe. Das war nicht der Fall. Daraufhin lief sie die Treppe hinauf. Ein schwergewichtiger Mann sah, daß Margot Letwin aus einer Platzwunde am Hinterkopf blutete.

„Bleiben Sie liegen", befahl er.

Eine Hand schob Margot ihre Handtasche wie ein Kissen unter den Kopf, wobei der Tascheninhalt herausfiel. Jemand sammelte die Gegenstände ein und bewahrte sie auf. Zwei Krankenwagen trafen fast gleichzeitig ein, weil mindestens zwei Menschen die Notrufnummer gewählt hatten. Damit waren sechs Sanitäter am Unfallort. Jetzt betrat auch ein Bahnpolizist die Szene.

Margot wurde auf eine Trage geschnallt und die Treppe hinauf in einen der Krankenwagen gebracht. Im Hospital machte ein riesiger Mann mit sanften Händen Röntgenaufnahmen von ihrem Kopf. Ein Arzt, der sich auf Mikrochirurgie spezialisieren wollte, kümmerte sich zwei Stunden lang um ihre Platzwunde.

Alles in allem hatten sich 16 weiße, schwarze und braune Mitbürger ihrer angenommen. Am Abend holte eine Freundin sie im Krankenhaus ab. Sie hatte Margots Handtasche mitgebracht.

„Sieh mal nach, ob noch alles drin ist", sagte die Freundin.

„Es ist alles da", erwiderte Margot Letwin. „Da muß ich gar nicht erst nachsehen."

Und doch wird niemand – und schon gar kein Einheimischer – so verrückt sein, ein Loblied auf New York zu singen. Damit das ein für allemal klar ist: Jeder will nur fort von hier. Und zwar möglichst bald.

„Wir haben versucht, die Stadt zu regieren, doch die Stadt ist uns davongerannt", hat Lorenz Hart 1939 zu einer Melodie von Richard Rodgers geschrieben. „Am besten, wir geben sie den Indianern zurück."

In den achtziger Jahren hieß es nur: Jede Menge Bares einfahren, bündeln und geschwind damit aufs Land reiten, der Sonne entgegen. Freilich haben New Yorker das so oder so ähnlich auch in den achtziger Jahren des vergangenen Jahrhunderts, im Jahrhundert zuvor und in fast allen dazwischen liegenden Dekaden geplant.

Die Geschichte New Yorks wird von zwei veränderlichen Größen bestimmt: von den chronischen Unzulänglichkeiten der jeweils jüngsten Einwanderer, die einen beträchtlichen Teil der Bevölkerung stellen, und vom Niedergang des einen oder anderen Wirtschaftszweigs.

New York hat in den letzten 20 Jahren einen gewaltigen Einwandererstrom absorbiert – lärmende, gewalttätige, ehrgeizige, schmutzige, ungebildete, hungrige, fixe, gewitzte Menschen; Menschen mit Eigenschaften, welche die Latino-Einwanderer von 1992 mit den Iren von 1872, den Juden von 1902 und den Italienern von 1910 verbinden.

New York ist noch so, wie es immer war – freilich mit einer schrecklichen Einschränkung: Die Einwanderer von heute finden ein New York vor, in dem es womöglich nicht mehr lohnt, sich anzusiedeln.

Das Business der Stadt hat seit dem 18. Jahrhundert, grob gerechnet, vier Zyklen durchlaufen: die Fracht-und-Hafen-Ära; die Zeit des Handels; das Jahrhundert der Industrie und schließlich die postindustrielle Börsen-und-Finanz-Periode.

Wir stehen im Augenblick am Ende jener letzten Episode, eines vergleichsweise kurzen Zeitraums von gerade mal elf oder zwölf Jahren, und wenn wir ehrlich sind, weiß niemand so recht, wie es weitergehen soll und was als nächstes kommt.

Eines jedenfalls darf man getrost feststellen: Niemand kann mit Bestimmtheit sagen, was in dieser Sieben-Millionen-Stadt gearbeitet wird, das sich nicht ebensogut mit Hilfe von Modem und Faxgerät an einem normalen, vernünftigen Ort weitab vom Getümmel erledigen ließe.

Einst konnte New York gut eine Million kräftiger, williger, ungebildeter Einwanderer in seinen Fabriken unterbringen. Dort verdienten sie den Lebensunterhalt, der es nachfolgenden Generationen ermöglichte, ein etwas weniger mühseliges Leben zu führen. Ihr starker Akzent fiel da ebensowenig ins Gewicht wie ihre schwieligen Hände.

»NEW YORK IST KEIN MOSAIK, SONDERN EINE STADT DER ENDLOSEN, STETS VERWIRRENDEN BRÜCHE«

Doch heute wird in dieser Stadt kaum noch etwas hergestellt, haben die meisten Fabrikanten ihre Produktion in Billiglohnländer verlegt. Und seit 1970 die Penn-Central-Eisenbahngesellschaft bankrott ging, gibt es auf der Schiene zwischen New York und dem Rest des Landes fast keine Frachtverbindung mehr.

In den darauffolgenden Jahren gingen in der Industrie rund 800 000 Arbeitsplätze verloren. Zur gleichen Zeit, zwischen 1970 und 1980, strömten 800 000 neue Einwanderer in die Stadt. Das nächste Jahrzehnt brachte 953 000 weitere Immigranten nach New York und zugleich das Ende von weiteren 200 000 Jobs.

Für eine kurze Weile wurde die Stadt von ihrer Finanzindustrie noch einmal aufgerichtet. Dieser boomende Wirtschaftsbereich ist nach allgemeiner Überzeugung mit dem Börsenkrach vom Oktober 1987 „zusammengebrochen". Das ist freilich eine zu dramatische Charakterisierung; denn heute wird an der Wall Street mehr Geld verdient als je zuvor. Mit dem feinen Unterschied, daß den Zockern, die dort mit dem ganz hohen Einsatz spielen, klargeworden ist, wie gut sie auch ohne die rund 50 000 Menschen auskommen, die bis zum Crash zusätzlich an der Wall Street gearbeitet haben.

Wie seltsam und beängstigend die Gegenwart sich auch immer darstellen mag, so ist es doch wichtig, zu erkennen, daß die verdrießlichen Lieder, die so viele Autoren derzeit über New York anstimmen, von einem profunden Gefühl des Verlusts herrühren. Und wo Erinnerung die Vergangenheit verklärt, hat die grell ausgeleuchtete Gegenwart nun mal keine Chance.

New Yorks Goldenes Zeitalter, da sind sich die meisten Beobachter einig, dauerte vom Ende der vierziger bis Mitte der fünfziger Jahre. Die Verbrechensrate war erheblich niedriger, es herrschte so etwas wie allgemeiner Wohlstand, und einen Augenblick lang sprachen fast alle dieselbe Sprache. Die Einwanderung war durch Knebelgesetze aus den Jahren 1921 und 1924 beinah vollständig unterbrochen; ein bigottes, abscheuliches Quotensystem legte fest, daß westeuropäische Einwanderer willkommener waren als Afrikaner, Asiaten oder Latinos.

Einen historischen Lidschlag lang blieb die Bevölkerung gleichsam eingefroren. Zwischen 1950 und 1970 machten die nicht in den USA geborenen New Yorker weniger als ein Viertel der Gesamtbevölkerung aus; ein absoluter Minusrekord in diesem Jahrhundert.

Doch als 1954 der Bau von Schnellstraßen in die Vororte beschlossen wurde, lief New York gleichsam leer, und die da fortgingen, nahmen den Garten Eden mit sich. 1965 änderte Washington seine rassistischen Einwanderungsgesetze. Die Weißen waren geflüchtet, und jetzt färbte sich New York zunehmend dunkler, denn die Neuankömmlinge stammten vornehmlich aus der Karibik und aus Asien.

Schließlich wurde 1989 mit David Dinkins zum ersten Mal ein Schwarzer zum Bürgermeister gewählt. Er verkündete, New York sei „kein Schmelztiegel, sondern ein prächtiges Mosaik".

Doch auch das ist es nicht; eher wohl eine Stadt der endlosen, verwirrenden Brüche. Jeder der vielen Stämme dieser Stadt bekämpft hier den anderen, und als sei das nicht genug, reißt sich mancher Stamm zuweilen auch noch die eigenen Eingeweide heraus. Und niemand führt bewegtere Klage über die Neuankömmlinge als jene, die sich erst kurz vor ihnen angesiedelt haben.

Erleben Sie den beißenden Gestank des Antisemitismus in Williamsburg, Crown Heights oder Borough Park in Brooklyn. Hier fauchen sich gemeinhin Latinos, schwarze Amerikaner und schwarze Einwanderer aus der Karibik mit gefletschten Zähnen an. Aber wenn es sich ergibt, bepöbeln alle gemeinsam die Chassidim.

»WER HIER HEIMISCH IST, DER WIRD NIE MEHR ANDERSWO LEBEN WOLLEN«

Fragt sich nur: welche Chassidim?

In New York gibt es nämlich zehn Gruppen dieser gut 200 Jahre alten jüdisch-fundamentalistischen Bewegung aus Osteuropa, darunter die zwei größten, die Satmar und die Lubawitscher. In beiden tragen die Männer lange schwarze Mäntel, lange Bärte und schwarze Hüte. Und beide bekämpfen einander bis hin zur Schlägerei. Das wird in beiden Gemeinden zwar als großes Unglück betrachtet, doch eine dritte Partei, die Polizei, bleibt immer außen vor.

New Yorks Brüche sind kompliziert, und sie überlappen einander. So werden Stadtviertel heute nicht mehr nur durch die Fehden der Stämme voneinander abgegrenzt – es gibt inzwischen auch eine neue, kulturelle Grenzziehung zwischen den einzelnen Vierteln.

Zum Beispiel in Queens, wohin sich die südamerikanische Gemeinde verlagert hat. Daß sich bisher nur wenige Touristen dorthin verlaufen, mag daran liegen, daß diesem Stadtteil nie der Ruf vorausgeeilt ist, man könne sich dort gut amüsieren.

Heute aber läßt sich in Queens so ziemlich jeder Appetit befriedigen. Bars und Tanzclubs haben die ganze Nacht geöffnet. Restaurants servieren Abendessen bis zur Frühstückszeit, stellen frische Blumen auf die Tische und heuern Flamencotänzer für eine Bühnenshow an. Ein paar Häuserblocks entfernt haben sich an der Roosevelt Avenue auf einer Strecke von knapp fünf Kilometern nicht weniger als 60 Bordelle mit Prostituierten aus aller Herren Länder etabliert.

Doch die Roosevelt Avenue dient nicht nur der allfälligen Triebbefriedigung – sie ist auch Mahnung und Erinnerung. So gibt es in nahezu jedem Häuserblock einen Laden, in dessen Schaufenster große Poster verkünden, daß von dort Geld nach Lateinamerika geschickt werden könne. Wer seine Spende nicht persönlich in der alten Heimat abliefern kann, für den wird sie telegraphisch überwiesen.

In den letzten 25 Jahren sind die meisten Einwanderer aus der Dominikanischen Republik gekommen. In weniger als einer Generation haben sie das Gesicht des hispanischen New York grundlegend verändert, das nach dem Zweiten Weltkrieg von den Puertoricanern bestimmt worden war. Als die Dominikaner eintrafen, dauerte es nicht lange, und die Beißereien fingen an.

In New York werden pro Jahr gut 600 offizielle Umzüge und ethnisch geprägte Volksfeste veranstaltet; während der fünfziger und frühen sechziger Jahre war die „Puerto Rican Day Parade" der größte Umzug der Latinos. Damit war Schluß, als die Dominikaner ihr eigenes Großereignis aufzogen. Doch in dieser Stadt der endlosen Brüche reichte selbst diese Trennung noch nicht aus: Mittlerweile gibt es zwei dominikanische Paraden, die ein Schisma in der Politik der Dominikanischen Republik widerspiegeln.

Die Brüche sind so zahlreich wie die Versuche, sie zu kitten.

Manchmal will es einem fast die Seele ausfransen, wenn man mit ansehen muß, wie die Dominikaner die Puertoricaner beschimpfen, Einwanderer aus Trinidad die aus Jamaika, amerikanische Schwarze die aus der Karibik – und wie die Weißen aus den Vorstädten (die noch vor einer Generation in ähnliche Kämpfe verstrickt waren) sich ob solch unzivilisierten Treibens verächtlich abwenden.

Da hilft manchmal nur die Flucht. Trotz seiner Menschenmassen bietet New York zum Glück reichlich Orte der Abgeschiedenheit und Ruhe. Auch darin zeigt sich die Artigkeit und Höflichkeit dieser Stadt. Eine 20minütige Fahrt mit der Bahn zu einem merkwürdigen kleinen Ort mit Namen Spuyten Duyvil ist zum Beispiel der reinste Balsam für die gestresste Seele.

Spuyten Duyvil liegt in der Bronx; genau dort, wo der Harlem River auf den Hudson trifft und die Nordspitze Manhattans vom Festland abschneidet. Hier senkt sich

Preise zuzüglich Flughafen- und Sicherheitsgebühren von 6 bis 18 Mark.

Vom 15. 10. bis 12. 12. 92
vom 25. 12. 92 bis 31. 3. 93
New York . . . ab 999 Mark
Montreal. . . . ab 999 Mark
Miami . . . . . . ab 1299 Mark
Los Angeles ab 1499 Mark

Wer jetzt mit uns über den Atlantik fliegt, hat mit 15 Destinationen unbegrenzte Möglichkeiten, Nordamerika vom Asphaltdschungel bis zum sonnigen Süden zu erkunden. Unser Spartarif läßt Ihnen dazu alle Freiheiten. Und um Ihnen den Start ins Abenteuer zu versüßen, bieten wir Ihnen unsere innerdeutschen Zubringerflüge ohne Aufpreis an.

Unsere Lufthansa. Ihre Airline.

Lufthansa

Y&R 05-21004

der Abend wie immer von Westen, vom anderen Hudsonufer her über das Land, dämmert über den steil abfallenden Klippen der New Jersey Palisades. Der Urwald in dieser Gegend kratzt schon seit 20 000 Jahren an den Wolken und erinnert uns daran, daß die vielbesungene Skyline Manhattans verglichen damit nur blutjunges Menschenwerk ist.

Und wenn Sie am frühen Abend nach Spuyten Duyvil fahren, ist die Wahrscheinlichkeit groß, daß Sie sich in den letzten Sonnenstrahlen verfangen, die gebündelt über die Klippen hinauslangen und den steinalten Wald am ewigen Hudson vergolden. Suchen Sie sich ein behagliches Plätzchen, und öffnen Sie eine Büchse Bier. Bald wird ein Zug in den Bahnhof von Spuyten Duyvil einlaufen, der Sie wieder zurückbringt.

Auf der Heimfahrt sollten Sie an John Steinbecks Worte über die gewaltigen Probleme denken, mit denen das Leben in New York die Menschen konfrontiert.

Steinbeck schrieb 1954: „Ich glaube nicht, daß New York sich mit anderen Städten vergleichen läßt. Es hat, im Gegensatz zu Los Angeles oder New Orleans, keinen eindeutig erkennbaren Charakter. Es besitzt viele verschiedene Facetten und Charakterzüge, vereinigt im Grunde alles und jedes in sich. Es kann einen Menschen zerstören. Aber wenn er mit offenen Augen durchs Leben geht, wird es ihn zumindest nie langweilen."

New York besitzt einen eigentümlichen Zauber. Als „Time" jene kühne Titelstory veröffentlichte und die Fluchtpläne der New Yorker mit reichlich Statistik dokumentierte, hat die Redaktion des Magazins übrigens einige andere Umfrageergebnisse heimlich, still und leise im hintersten Regal abgelegt.

Erst sehr viel später wurde bekannt, was bei dieser Erhebung sonst noch herausgekommen war und offenbar nicht zu dem pessimistischen Tenor der Story gepaßt hatte.

Mehr als die Hälfte der Befragten war nämlich der Meinung, die Probleme New Yorks seien nicht gravierender als die anderer amerikanischer Großstädte.

86 Prozent hatten gar angegeben, sie fühlten sich auf ihrer Straße durchaus sicher.

Nicht weniger als 76 Prozent waren überzeugt, New York habe mehr zu bieten als jede andere Stadt.

Und immerhin 70 Prozent der befragten New Yorker hielten ihre Stadt für die großartigste der Welt.

„Time" hatte sich gehütet, diese Ergebnisse zu publizieren, weil sonst der New Yorker Grundmythos vom nahen Weltende durch die ebenso fundamentale Wahrheit relativiert worden wäre, daß die Stadt, in der auch „Time" zu Hause ist, auf viele ihrer Einwohner einen ganz besonderen Zauber ausübt.

„Es mag Menschen geben, die sich ohne große Mühe in New York ansiedeln, aber die meisten, mit denen ich gesprochen habe, mußten sich einer Art Initiationsfolter unterziehen, ehe sie akzeptiert worden sind", notierte John Steinbeck seinerzeit. „New York ist eine gemeine, schmutzige Stadt. Ihr Klima ist ein Skandal, mit ihrer Politik kann man kleine Kinder erschrecken, der Verkehr ist der reinste Wahnsinn, und der Konkurrenzkampf ist mörderisch."

Und dann fügte er hinzu: „Dabei ist freilich eines nicht zu übersehen: Alle, die in New York heimisch geworden sind, würden um nichts in der Welt woanders leben wollen."

Und damit hat Steinbeck wahrscheinlich alles Nötige gesagt über diese Stadt, die immer noch auf den Träumen und Hoffnungen von Einwanderern gründet – auf Hoffnungen, die sich nicht immer verwirklichen lassen, die selten genau ins Ziel treffen, die aber stets aufs neue aufsteigen und über den Nachthimmel ziehen wie eine Hexe auf dem Weg nach ganz oben. □

Jim Dwyer, 35, ist Kolumnist der New Yorker Tageszeitung „Newsday" und hat auch die Chassidim-Reportage (Seite 124) in diesem Heft geschrieben. Sein Essay wurde von Hans-Joachim Becker übersetzt.

Ayer Frankfurt

New York

New York

Das Volkswagen Card System

Beißen Sie kraftvoll rein in den großen Apfel, der N.Y. heißt, und genießen Sie all seine unterschiedlichen Geschmacksnuancen. Hier ist alles international, das Leben, die Menschen, die Restaurants: chinesisch und italienisch, mexikanisch und karibisch, koscher und manchmal sogar amerikanisch. Aber wenn's ans Bezahlen geht, haben Sie mit Lire so wenig Chancen wie mit Pesos, selbst die eigene Landeswährung sieht man in den meisten Hotels gar nicht so gern. Überhaupt, was wollen Sie mit viel Bargeld im Big Apple oder sonstwo in Amerika? Sie machen sich nur verdächtig, und eventuellen finsteren Gestalten in Uptown oder Downtown machen Sie's unnötig leicht. Schließlich ist Amerika das Land der Kreditkarten; passen Sie sich einfach an, und stecken Sie eine EUROCARD/Master Card ein und zur Sicherheit noch eine VISA Card. Beide zusammen bekommen Sie im Volkswagen Card System für nur DM 60,– im Jahr – und für nur DM 10,– mehr mit einem attraktiven Versicherungspaket. Damit kommen Sie fast überall gut zurecht, an Broadway oder 42nd Street. Mehr über die besonderen Vorteile wie z. B. das gebührenfreie Telebanking erfahren Sie von Ihrem Partner für Volkswagen oder telefonisch unter **0130/3188.** Übrigens werden beide Karten auch außerhalb von Manhattan bei über 10 Millionen Stellen weltweit akzeptiert.

Volkswagen Bank Zweigniederlassung der V.A.G Bank

IMMER IST RUSH-HOUR: N.Y.s TEMPO LÄSST NUR RÜPELN EINE CHANCE

VON BRUCE McCALL

Sollte jemals einer auf die Idee kommen, per Satellit eine Karte dieser Erde zu erstellen, auf der die menschliche Hochspannung in Hitzewerten verzeichnet ist – Tokyo und Rio und Hongkong und vielleicht noch ein Dutzend weiterer Orte würden dort in einem Dunkelrosa aufscheinen. Doch nur an der Ostküste Nordamerikas, in einem winzigen Rechteck auf einer Insel südlich Bostons und nördlich von Baltimore, würde eine Nadelspitze in grellem Kirschrot erglühen.

Darf ich vorstellen: Midtown Manhattan, New Yorks Epizentrum, das wohl überdrehteste Stück Immobilie dieser Welt.

Natürlich gibt es andere, größere Städte, die durch Überbevölkerung oder die verrückte Jagd nach Geld ähnlich hochgeschäumt sind. Aber Manhattan ist mehr als nur eine bienenfleißige Zusammenballung des Handels am Ende des 20. Jahrhunderts. Es ist die Welthauptstadt der „idea people", der Felsendom der Kreativen, Tummelplatz von Verlagsleuten, Theatermachern, Werbern, Modemenschen, Designern, Fernsehgrößen: insgesamt nicht mehr als ein paar zehntausend Leute, zusammengenommen aber der Welt größter und gefährlichster Stamm von terminbesessenen Alphatieren.

Sie alle werden von der Zeit getrieben und von der ständigen Angst, ihre nächste Idee könne zu spät kommen oder den Nerv nicht treffen. Sie alle stehen unter dem Hab-Erfolg-oder-stirb-Druck, der ihre Minuten und Stunden und Tage beherrscht und ihre flatternden Herzen und überzüchteten Nervenenden wie mit psychischen Mikrowellen grillt.

Midtown Manhattan, das ist eine gigantische Adrenalinfabrik im Freien: ein Tempodrom, in dem die Straßen, die Trottoirs, die U-Bahnen und sogar die Luft mit Energie geladen scheinen. Filmentwicklung in 1 Stunde! Neue Brille in 30 Minuten! Trockenreinigung sofort! Von der endlosen Hatz noch um den winzigsten Zeitvorsprung werden die Wagemutigen beflügelt, die Sanftmütigen geschwächt, die Touristen erschreckt und die Taxifahrer angespornt (jene Hasardeure zum Beispiel, die gerade eben aus Port-au-Prince oder Karatchi ange-

kommen sind, mit Glück eine Fahrerlaubnis ergattern konnten und schon mit 70 Sachen an roten Ampeln vorbeijagen).

Schleichen wir uns an einem beliebigen Wochentag morgens gegen sieben in die Wohnung eines Stammesältesten mitten in Manhattan. Die Bewohner sind schon bei Sonnenaufgang hochgeschreckt; dazu brauchte keiner einen Wecker. Jede Sekunde zählt. Beiläufig wird der Schlachtplan für den Tag ausgearbeitet. Toilettentür zu. „Geht's vielleicht etwas schneller da drin?“ Fön aus. „Der Präsident ist heute in der Stadt – ich seh' mich schon im Stau.“ Fernseher an. „Viertel vor sieben bin ich zu Hause.“ Mikrowelle an. „Verdammt! Schon zu spät.“

Rasche 39 Minuten nach dem Erwachen steht das Geschirr im Spülbecken, liegt die „Times“ durchgesehen im Müll, ist die Familie nach einem Uhrenvergleich für den Tag gerüstet. Kurz darauf rollen sie in ihrem Wagen, im Bus, im Taxi nach Midtown – und sammeln sich gleich wieder in den Trichtern der Expressway-Ausfahrten.

In Manhattans Nebenstraßen nehmen die Schüler gerade den Wettlauf gegen die Zeit und gegen die Schulglocke auf. Die Lieferanten drängeln und wollen ihre Fracht loswerden. Und Geschäftsleute schießen aus den Hotels in wartende Limousinen und kommen doch nicht so schnell voran, wie es der gedrängte Terminkalender erfordert.

Denn der Verkehr in Midtown hat sich bereits zum ganztägigen Stillstand verlangsamt. Jetzt wird die berühmte Stimme der New Yorker Bedrängnis intoniert, jene Kakophonie aus Huptönen, die den Durchschnittslärmwert der übrigen industrialisierten Welt um mindestens 100 Dezibel übersteigt. Unersetzliche Sekunden und Minuten gehen für immer verloren; die Verzweiflung vergeblichen Vorwärtsdrängens macht sich breit.

Immer greller schrillt in den Köpfen die Alarmglocke des Konkurrenzkampfs: Du mußt den unbarmherzigen Vorsprung der Uhr mit allen Mitteln einholen! Großherzig und sentimental kannst du zu Hause sein. In Midtown Manhattan mußt du dich in den Panzer der patentierten New Yorker Griesgrämigkeit zurückziehen. Ein Lächeln mag vielleicht ein Gegenlächeln hervorzaubern, aber durchsetzen kannst du dich nur mit einem bösartigen Knurren. Gute Manieren sind Zeitverschwendung, Höflichkeit ist es auch und Wohlerzogenheit etwas für die faulenzenden Dorfdeppen von Los Angeles oder sonstwo in der Pampa, wo es nichts Dringlicheres gibt, als *nett* zu sein.

Vermeide Augenkontakt um jeden Preis (lenkt sowieso nur von der Suche nach einer Lücke im Fußgängerstrom ab, in die du dich quetschen kannst, um noch schnell über die Kreuzung zu hasten, einen Sekundenbruchteil bevor der heranrasende Bus dich platt walzt).

Perfektioniere den glasigen Zombieblick, der auf einen Punkt irgendwo zwischen drei Blocks weiter vorn und unendlich gerichtet ist. Nur so kannst du dich kopfüber in deinen verzweifelten Alltag stürzen, garantiert isoliert gegen alles, was dich ablenken könnte, selbst gegen herabfallende Klaviere oder explodierende Gasleitungen.

Denke bei allem zuerst an dich. Der gute Samariter kam ganz sicher nicht aus

New York. Hätte die Stadt ein Motto, so müßte es lauten: „Ich zuerst!"

Das ist keineswegs persönlich gemeint. Du hast nichts gegen die anderen Leute. Es ist durchaus keine Bösartigkeit, wenn du dir ein Taxi schnappst, das eigentlich für einen anderen angehalten hat; wenn du dich in der Kinoschlange nach vorn drängst oder auch dann noch in den Aufzug drückst, wenn die Türen schon schließen.

Nein, du gehorchst nur einem Grundgesetz New Yorks, das da lautet: Klau den anderen ihre Zeit, sonst klauen die anderen sie dir – es ist nun mal nicht genug für alle da.

Besänftige die Götter der Zeit mit Opfern, die man „Abkürzung" nennt. Nutze den Bankautomaten. Verkürze die Mittagspause auf drei Minuten wölfischen Schlingens vor einem Imbißwagen an der Straße. Befolge die Abmahnung, die an die Trennwand im Taxi geklebt ist, und *halte das Fahrgeld am Zielort bereit*; damit holst du womöglich die 20 Sekunden wieder rein, die du vor 15 Minuten verloren hast, als der Fahrer eine Ewigkeit brauchte, bis er die Tür geöffnet hatte.

Erledige das Einkaufen im Laufen, zumal der Einzelhandel sein Gewerbe längst aus den Läden auf die Bürgersteige verlagert hat. Hol dir dort deine Trauben, Ohrringe, T-Shirts, Bücher und Brieftaschen. Keine Kasse, kein Beleg, keine Wartezeit.

Denke strategisch. Wähle die schattige Straßenseite, weil sich auf der Sonnenseite ganze Horden von Müßiggängern herumtreiben. Reduziere die Nachrichtenaufnahme auf einen beiläufigen Blick auf die Zeitungskioske: „Mafia tötet Verräter" (ah, die Welt ist noch in Ordnung).

Stell dich vor einer Wand mit acht Aufzügen – und der schrecklichen Aussicht, du könntest den nächsten nicht schnell genug erreichen – im exakten geographischen Mittelpunkt aller acht Lifte auf. Stopf dir die Taschen mit Vierteldollarmünzen voll; jeder Narr ohne abgezähltes Geld für Bus, Telefon oder den Kaffeeservice ist zu bleischweren Minuten in der Wechselschlange verdammt: Stunden in der Hölle.

Der Mittag explodiert in Midtown Manhattan, als hätte eine Alarmsirene plötzlich alle Menschen nach draußen gescheucht. Jetzt ist Jagdzeit, Essenszeit, Zeit zum Luftholen. Midtown reißt sich ständig ein und baut sich wieder auf; das Gebrüll der Preßlufthämmer drückt von oben, von unten dröhnen die U-Bahnen. Die Sirenen von Polizei und Feuerwehr setzen dazu ununterbrochen einen durchdringenden Kontrapunkt, doch kaum einen scheint's zu kümmern. Wer damit beschäftigt ist, die eigene Katastrophe aufzuschieben, hat für anderer Leute Sorgen keine Zeit.

Es gibt auch Luftspiegelungen der Stille inmitten der Stadt: Rockefeller Center, Plaza Hotel, New York Public Library, Saint Paul's Chapel – die Totemzeichen New Yorks. Sie sind auf eine seltsame Art abgeschnitten von der Midtown-Manie, verehrt vornehmlich von kameratragenden Fami-

KLAU ANDEREN DIE ZEIT, SONST KLAUEN DIE ANDEREN SIE DIR

IM WETTLAUF MIT DER UHR IMMER NUR EIN REMIS

lien aus Turin, Tokyo oder Toronto.

Doch wann immer so ein Wahrzeichen den Passanten lockt, auf daß er verharre und bewundere, scheinen die umringenden Türme und Pyramiden und Bürokästen leise zu murmeln: „Wo glotzt du hin? Los, weiter."

Anders als Paris oder London oder München ist New York viel zu geschäftig, um seine Zeit mit Angeberei zu vertrödeln. Manhattans Bewohner sind beinah stolz darauf, daß Midtown, dieses angegammelte Kerngehäuse des Big Apple, so baufällig ist, so reizlos und kaputt. Die Nasen der Eingeborenen scheinen unempfindlich zu sein gegen den alles durchdringenden Gestank aus Diesel, Pizza und Abwassergerüchen, ihre Augen blind für den Dreck auf den Gehwegen und den Müll, den der Wind ihnen um die Knöchel wickelt.

Das ist nicht etwa die Unzivilisiertheit der Neuen Welt, über die Besucher seit Tocquevilles Tagen die Nase rümpfen. Es sind nur die Grundübel einer Stadt, die viel zu sehr damit beschäftigt ist, den nächsten Schlamassel zu vermeiden, als daß sie sich mit dem Wegräumen des gerade vorangegangenen allzu lange aufhalten könnte.

Nachmittags um fünf kommt die dritte und letzte Zuckung eines Wochentags in Midtown Manhattan; dann laufen die Ereignisse des Morgens wie ein rückwärts gespulter Film ab. In einem letzten, heftigen Ausbruch von Energie strömen die Massen vom frühen Morgen aus den Büros die U-Bahn-Schächte hinunter oder hinaus an den Straßenrand, wo zu viele Menschen auf zu wenige Taxis warten. Entleert, erschöpft streben sie zu Tausenden nach Hause, um sich neu zu sammeln und aufzuladen. Im Wettlauf mit der Zeit haben sie allenfalls ein Unentschieden erreicht.

Sie denken an morgen, morgen. Um das New Yorker Tempo durchzuhalten, dieses ständige Hochjagen des Energieanzeigers in den roten Bereich, müssen sie fast paranoid ständig auf der Hut sein. Deshalb trotten die Menschen wie Hunde, zucken nervös mit den Fingern, und selbst wenn sie sich ausruhen, sprechen sie ein kehliges Maschinengewehr-Stakkato, wie es auf keiner Sprachenschule gelehrt wird. Der Alltag, er wühlt die Eingeweide auf und verhärtet die Seele.

Weit, weit weg von Manhattans schmutzigem Chaos, in Tulsa und Indianapolis und Sioux City (wahrscheinlich in jeder anderen Stadt der USA), verläuft das Lebenstempo unendlich viel gemäßigter, sanfter, vernünftiger. Die Leute haben Zeit zum Nachdenken, sie können Luft holen, sich in den festen, ewigen Rhythmus des Lebens hineinfinden. Sie können sich entspannen, erleben, sich wohl fühlen. Sie können ihr Dasein genießen.

Bleibt eine Frage: Wie in aller Welt halten sie dieses Leben, zum Scheißeschreien schön, nur aus? □

Der Kanadier **Bruce McCall**, 57, lebt seit 27 Jahren in New York. Er ist Mitbesitzer einer großen Werbeagentur und gelegentlich Autor des „New Yorker". McCalls Text wurde von Hans-Joachim Becker übersetzt.

HUGO BOSS AG, 7430 METZINGEN
PHOTO, NEIL KIRK

Crack

Der Tod unter der

Nimm Kokain, misch es mit Wasser und Backpulver, erhitz es und laß es abkühlen – und du hast Crack, das schnellste Gift New Yorks, die Rezeptmischung für ein schwereloses Hirn. Crack ist billig, unkompliziert, verführerisch, die erste Fastfood-Droge des Jahrhunderts. Crack ist gefährlich, tödlich, hirnaufweichend, der hinterhältigste Killer, den die Stadt je gekannt hat. Ein Zug aus der Pfeife, sagen sie in East New York, und du bist süchtig. East New York, irgendwo am Rande von Brooklyn, irgendwo am Rande der Welt, wo die Häuser Ruinen sind und die Menschen auch

Schädeldecke

VON ANDREAS ALTMANN · FOTOS: EUGENE RICHARDS

Eines seiner Gedichte heißt „Vergnügungen“. Und die beginnen mit: „Der erste Blick aus dem Fenster am Morgen“. Glücklicher Bert Brecht. Hier wäre ihm diese Zeile nicht eingefallen. Ich blicke nach draußen und sehe: Stacheldraht, einen löchrig gerosteten Kühlschrank zwischen Autoreifen, einen jungen Kerl am Straßeneck, der auf seine süchtige Kundschaft wartet. Die demolierte Bushaltestelle. Ein Poster, das 10 000 Dollar für erfolgreiche Hinweise auf einen Polizistenmörder verspricht. Ein zum Platzen fettes Ehepaar. Sie schreien, sie streiten.

Ich beobachte sie durch die Glastür eines „Chinese Restaurant“. Hier kann man nicht sitzen und essen. Nur vor einer kugelsicheren Trennscheibe stehen und durch eine schmale Durchreiche die Glasnudeln entgegennehmen. Ich warte. Die beiden Dicken keifen noch immer. Der Dealer verkauft schon wieder. Es regnet in East New York, nicht weit von Manhattan, irgendwo am Rande von Brooklyn, irgendwo am Rande der Welt.

Aller Anfang war so friedlich. Um 1800 taucht der Name East New York

zum erstenmal auf. Er klingt so verführerisch, soll herausfordern zum Wettkampf mit New York City. Immigranten strömen. Iren, Deutsche, Russen, Polen, Italiener. Alle getrieben von der Sehnsucht, ein neues, ein anderes Leben zu finden. Das funktioniert. Das Viertel blüht. Über 150 Jahre lang. Brav, bieder, gottesfürchtig und reaktionär.

Nach dem Zweiten Weltkrieg kommen andere Immigranten. Der schwarze Mann tritt auf. Und der nicht minder verachtete Puertoricaner. Ein dreckiges Spiel fängt an, es heißt „blockbusting“, und es geht so: Weißer Spekulant kauft in weißer Nachbarschaft ein Haus und vermietet es an eine schwarze Familie. Dann läßt er verbreiten, daß bald die ganze Gegend von Schwarzen überschwemmt werde. Die Weißen verkaufen. Billig. An ihn.

Keine zehn Jahre dauert es, und aus 90 Prozent Weißen werden 90 Prozent Nicht-Weiße. Die Geschäfte ziehen um, die Dienstleistungen, die Bankkonten, die Bankkontenbesitzer. Hunderttausend arme Schlucker ziehen ein. East New York versaut. „Shithole“, Scheißloch, sagen sie selber. Sein Untergang hat tausend Gründe. Einer heißt Gier, ein anderer Hoffnungslosigkeit. Der tausendste, der letzte, heißt Crack.

„Every blue moon“, an jedem blauen Mond, sagt Terryl, verirre sich ein Weißer in diese Gegend. Terryl ist hübsch und schwarz und wohnt im Obdachlosenasyl für Frauen. Unten am Eingang steht bewaffnetes Security-Personal, die Fenster sind vergittert, jeder Besucher muß einen Metalldetektor passieren und seine Tasche durch ein Röntgengerät schleusen.

Terryl hat recht. Ich falle auf wie ein bunter Hund. Ein unbekannter Weißer in East New York wird von beiden Seiten verdächtigt. Die Polizei vermutet einen Drogenhändler und die Drogenhändler einen „undercover cop“, einen Zivilfahnder, der spitzelt. In East New York sind solche Verdächtigungen höchst ungesund. Hier wird um die Wette liquidiert. Das Viertel – 160 000 Einwohner auf 5,6 Quadratmeilen – hält viele einschlägige Rekorde: höchste Mordrate aller New Yorker Polizeibezirke 1988, 1989 und 1990, dritthöchste Mordrate 1991. Viele Verbrechen sind „drug related“. Drogen-Verbrechen, Crack-Verbrechen. Denn Crack ist ein „upper“, ein Stoff, der peitscht, der die Nerven bloßlegt und die Sicherungen.

Terryl kommt aus der Hölle, und sie will mir den Weg dorthin zeigen. Ihr Leben reicht für drei Hollywoodfilme. Ich finde Terryl auf der Straße. Ich habe Glück, denn sie besitzt den Mut und das Wissen, in diesem Business zu überle-

Die Mauern sind Grabsteine – Erinnerungen an all jene, die East New York nicht überlebten, und auch Peggys Name wird bald wohl dort stehen; dann, wenn sie endlich erlöst ist von ihrer Passion

ben. Immer sagt sie zum Abschied: „Watch out, take care, be safe." Paß auf dich auf.

East New York blieb nichts erspart. Nach dem Abzug der Weißen kam es zum Aufruhr zwischen Schwarzen und Puertoricanern. Im Sommer 1977 fiel für 25 Stunden der Strom aus. Wie eine Horde Büffel rammten die Einwohner durch die Geschäfte. Millionenschwere Plünderungen. Heute sehen manche Straßen aus wie der Mond, wie die Vierte Welt, wie das Wrack einer ausgeschlachteten Stadt.

East New York sieht bleich aus. Über tausend der 160 000 Menschen hier sind infiziert, knapp 700 todkrank. Aids geht um. Zwei Drittel der Kranken sind Nadelspritzer und deren Intimfreunde. Eine heimliche Krankheit, denn das Thema ist tabu. Schwarze waren zu oft die Sündenböcke. Sie wollen nicht reden von einem Virus, für den die anderen, die Weißen, sie verantwortlich machen.

Zur Immunschwäche kommt Herpes. 60 Prozent aller Kranken haben beide Viren. Die medizinische Versorgung vor Ort gleicht der Statistik einer Bananenrepublik. Auf die 41 Gesundheitsdienste New Yorks kommen durchschnittlich jeweils 178 Ärzte. Hier sind es 22, „davon" – so Philipp Reed, Leiter der Beratungsstelle New Hope Guild – „praktiziert die Hälfte mit dem Ethos eines schamlosen Banditen".

Auf einem leeren Grundstück zwischen zwei Häusern, vor dem Schrott der letzten drei Tage und der letzten 30 Jahre, treffe ich Pastor Dwight und seine St. Paul Pentecostal Church. Das sind neun Frauen und vier Männer. Sie singen die frohe Botschaft und verteilen kleine Zettel, Aufschrift: „Please, do not go to HELL". Man muß grinsen, so komisch klingt der Satz.

Mit der Sprüchesammlung gehe ich zu Glen und Jerome. Sie leben am Rand einer sumpfigen Wiese in ihrem Verschlag. Ein paar Stangen, darüber Pappdeckel und Folien. Darunter zwei schimmlig gefaulte Matratzen, ein Knäuel schmieriger Decken, zwei Pornohefte, Bierflaschen, am Boden Hunderte winziger Plastikröhrchen: „crack vials", fünf Dollar das Stück. Jetzt leer, wertlos, längst verraucht.

Heute mittag haben wir uns vor der Suppenküche der Grace Baptist Church kennengelernt. Sie sind die einzigen, die meiner Neugier nicht mißtrauen. Sie haben nichts zu verlieren, sie haben schon alles verloren. Ihr Zynismus, ihre Intelligenz und ihr Strafregister sind beachtlich.

Nachmittags sammeln wir weggeworfene Dosen. Das bringt fünf Cent das Stück. Als wir uns nachts wiedersehen, sind sie pleite. Wie üblich um diese Zeit. Und hungrig, nach Crack. Auch üblich. Wir gehen einkaufen. Nach vorsichtigen Schätzungen existieren in East New York über 100 „copping zones", wo Drogen verkauft werden. Am Hauseck, im Flur, in Wohnungen, durch Autofenster, hinter Kirchenmauern, in Kellern, drei Straßenzüge lang.

Glen geht voraus, ich soll in einiger Entfernung warten. Die Dealer müssen sich erst an mein Gesicht gewöhnen. Es geht schnell. Ein „lookout", ein Aufpasser, der nach Polizisten späht, kündigt Glen an. Der wischt durch die Haustür, nimmt die Ware, gibt das Geld, kommt zu uns zurück. Dann ab in den „Camel Jockey Shop". So nennen sie hier die Lebensmittelgeschäfte der Araber. Heimlich verkauft Wadi neben Lutschern und Eiscreme die so wichtigen „stems", die Pfeifen, elf Zentimeter lange Glasröhrchen mit einem Drahtsieb am Ende.

Diesmal gehe ich mit. Als Glen nach dem „tool", dem Werkzeug, fragt, platzt Wadi der Kragen. Von was er überhaupt rede, schreit er: „Stem, tool, what the fuck are you talking about?" Er steigert sich, will über die Theke springen, droht, handgreiflich zu werden. Die Show gilt mir. Wadi schwitzt Existenzängste, hält mich für einen Mitarbeiter des gefürchte-

Die Wohnung ist eine Festung, denn Tiger schätzt keinen fremden Besuch, schon gar nicht, wenn ihm die Nadel im Arm steckt; sein Crackdomizil, sagen manche, ist Irrenhaus und Hölle zugleich

ten Tactical Narcotics Team, einer Spezialeinheit in Zivil, die zum Schein Drogen kauft und in flagranti verhaftet. Glen und ich ziehen uns zurück. Zehn Minuten später schicken wir Jerome. Pechschwarz, Rastafrisur, abgerissen. Lichtjahre vertrauenswürdiger als ich. Wadi rückt die Glaspfeifen anstandslos heraus.

Vor knapp zehn Jahren kam Crack nach New York. Die Droge war ein geniales Produkt, um auf die Überproduktion von Kokain zu reagieren und den Markt auf astronomische Weise zu vergrößern. Zuvor hatte man Koks nur schnupfen oder spritzen können. Sündteuer, die Droge blieb ein Luxusartikel, eine Ekstase für wenige Zehntausend. Wer damals Kokain *rauchen* wollte, mußte es vorher mit Äther reinigen. Ein hochriskantes Unternehmen. Es kam zu dramatischen Unfällen, wenn der Äther explodierte.

Crack ist die Lösung all dieser Probleme. Man nimmt Kokain, mischt es mit Backpulver und Wasser, erhitzt es, läßt es abkühlen und zerschneidet die Klumpen in 50 bis 100 Milligramm große Portionen. Crack ist billig, unkompliziert, verführerisch. Vom exklusiven „High" der Reichen zum Volksrausch. Crack, die erste Fastfood-Droge des Jahrhunderts.

Jerome, Glen und ich gehen auf getrennten Wegen zurück zum Verbau. Um nicht aufzufallen. Es ist Nacht, zwanzig vor elf. 50 Meter entfernt, hinterm Sumpfgebüsch, steht ein Polizeiwagen. Als Wache, damit niemand ein gestern halb abgebranntes Haus leerräumt.

Glen legt die weißen Kügelchen auf das Sieb der Glaspfeife, setzt das Feuerzeug an, zieht „the cloud", die Rauchwolke, tief ein, hält sie fest in den Lungen, läßt sie langsam ausströmen. Der erste Zug verspricht das erregendste High, „the tingling sensation", das Kribbeln, das unter die Schädeldecke rast, das überwältigende Gefühl eines schwerelosen Hirns. Dazu kommt, auf seltsame Weise faszinierend, das Geräusch beim Anzünden von Crack. It „cracks", es knackt, man erkennt die Droge an ihrem Klang. Die Pfeife macht die Runde. Die nächsten zwei, drei Züge haben schon ihre Kraft verloren, der „flash" ist stark, aber nicht mehr sensationell. Dann der nächste „hit", die nächste Portion, die nächsten fünf Dollar. Crack ist verlogen. Weil es so billig erscheint. Und weil es jeden in den Bankrott treibt, der es nicht losläßt.

Die nächsten Tage und Nächte ziehe ich mit den beiden durch verschiedene „crackhouses", Wohnungen, die als geheime Raucherzimmer funktionieren, in denen sie weniger von Festnahme bedroht sind und ungestört rauchen können. Nur persönliche Bekanntschaft oder die Vorstellung durch einen Freund verschaffen Einlaß. Das kostet. Man zahlt mit dem Gift. Gängiger Preis: ein Hit pro Besuch.

Die Absteigen: Bruchbuden, am hellichten Tag verdunkelt. Mobiliar meist nur in Restbeständen vorhanden. Einmal trete ich in der Toilette daneben. Als ich meinen Fuß herausziehe, sehe ich durch das Loch im Holzboden hinunter auf das Klo im ersten Stock.

In den Nebenzimmern liegen Matratzen. Nicht zu überhören die Geräusche erregter Liebender. Einige Besucher rauchen, andere ziehen sich zurück. Hinter zerschlissene Vorhänge. Mädchen gibt es mehr als genug. Für eine Pfeife stillen sie jedes Bedürfnis. Nicht alles ist Beschaffungsprostitution, vieles auch Wollust.

Die Ausflüge mit Glen und Jerome sind wichtig, ich lerne. Ich brauche Zeit, um an Tiger heranzukommen. Der Ruf, der ihm vorausgeht, ist wüst und schillernd. Tiger ist ein „bully", ein Schläger, ein Messerstecher, ein Dealer, ein Junkie, ein Killer, ein achtfacher Zuchthäusler, ein zwölffacher Vater, ein auf unberechenbare Weise plötzlich weicher, trä-

Wer hier wohnt, ist entweder Dealer oder User, und wenn's geht, gut bewaffnet; denn kaum einer, der zitternd die nächste Portion Crack sucht, ist noch Herr seines Willens oder seiner Gedanken

nengerührter Mensch. Terryl will mir helfen, sie kennt ihn.

Nachmittags um zwei auf der Pennsylvania Avenue, der Hauptstraße des Viertels. Jemand packt mich am Nacken, sagt trocken: „Ich bin ein gefährlicher Mensch. Ich schlag' dich, wenn du nichts rausrückst." Nicht Tiger, nur ein gewöhnlicher Krimineller. Ein Tag wie jeder andere. Wolken am Himmel, Fußgänger, Autoverkehr, rote und grüne Ampeln.

Hundert Meter weiter steht ein vergittertes Gebäude. Als ich vorbeikomme, frage ich, ob dies das Gefängnis sei. Der Security-Mann vor der Tür lacht: „Good idea, but it's not. This is Thomas Jefferson High School." Der Schulbericht wird hier mit Blut geschrieben. Allein in den vergangenen acht Monaten: drei Leichen, ein Schwerverletzter. 16jährige Tote, 14jährige Mörder.

Tiger und ich treffen uns. Über drei Stunden dauert unser Gespräch. Seine lange kriminelle Karriere, sein langes Sexualleben: mit elf verführt, mit 15 zum erstenmal Vater. Die gerade gespritzte Droge verlangsamt sein Hirn. Seine Zunge entgleist manchmal, man spürt die Anstrengung, sich zu konzentrieren.

Hinterher nimmt er mich mit. Tiger und sein Anhang leben verbarrikadiert.

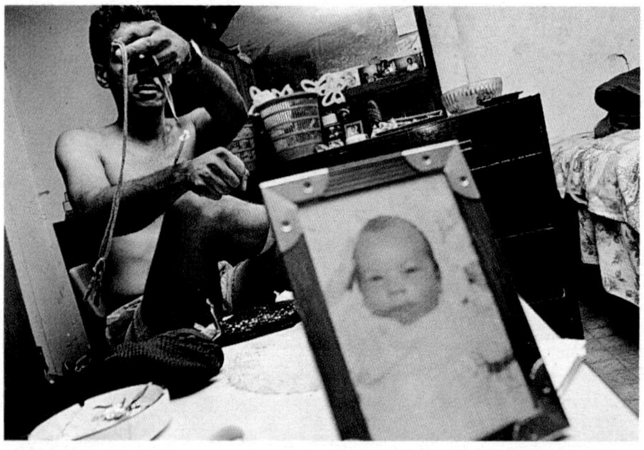

Man pocht, jemand schreit: „Who?" Man nennt seinen Namen. Gesichtskontrolle durch den Türspäher, dann erst wird der zwei Meter lange Sperrbalken entfernt. Dahinter vier Zimmer, Küche und Bad.

In den folgenden Tagen und Nächten werde ich erfahren, daß nichts fehlt. Die 70 Quadratmeter bieten alles. Eine Wohnung, ein Eroscenter, ein Asyl, ein Waffenversteck, eine „shooting gallery" für Heroinsüchtige, eine Dealerzentrale für Tina, Tigers Frau. Und ein an 365 Tagen rund um die Uhr betriebsbereites Crackhouse. „Dort", hatte mir Terryl versprochen, „findest du beides am selben Ort: ein Irrenhaus und die Hölle."

Vier Räume gleich vier Abstellkammern mit Möbeln von der Müllhalde. Fliegenfänger an brüchiger Decke. Muffige Kleiderberge, ungewaschen. Die von schwarzem Fett vergrindete Küche, das zwischenzeitlich unspülbare Klo. Kriechtiere, Kakerlaken. An den Wänden angenagelte Teddybären und ein „certificate of achievement". Ein Zeugnis für Teresa. Für gutes Benehmen in der Schule. Im Augenblick liegt Teresa hinter einem der Kleiderberge, todmüde vom nächtlichen Berufsverkehr. Die Kleine verkehrt mit Männern. Ihr Beruf ist lausig bezahlt, die Konkurrenz erdrückend.

Als wir ins Haus kommen, braucht Tiger wieder einen Schuß. Er mag kein Crack. Kokain allein ist ihm zu rasant, Heroin zu deprimierend. „He's speedballing", er drückt beides. Er schüttet Kokainpulver und Heroin in einen Flaschenverschluß, gibt Wasser dazu, rührt, hält ein Feuerzeug darunter, erhitzt. Dann zieht er die Mischung durch ein Stück Baumwolle in die Spritze, schnürt mit einem Lederriemen den linken Oberarm ab und setzt am Handgelenk an. Es geht leicht. Schweißgebadet steht er auf und jagt Fliegen. So macht er es immer. Über eine Stunde läßt er die Nadel in der Vene.

Im Nebenzimmer wird geraucht. Es ist dunkel und wolkig, wie in alten chinesischen Opiumhöhlen. Acht Menschen, jeder arbeitslos, jeder ein „hustler", jeder mit der Gewißheit im Kopf, daß er zwei Stunden später wieder pleite sein wird und der Hustle von vorn anfängt: irgendwie Geld auftreiben, klauen, erbetteln, organisieren. Viele leben „on welfare", beziehen Sozialhilfe. Die reicht eine Woche, dann beginnt der Stress.

Keiner vertraut, keiner verläßt auch nur für Augenblicke seinen Platz, ohne alle Habseligkeiten mitzunehmen. Manche gehen auf und ab, bleiben in Bewegung, um nicht wegzudösen und das Bewußtsein zu verlieren. Sobald die angezündeten Crackkügelchen knacken, werden einige ganz still, verlassen die Welt,

Annie ist 17, John 38. Sie raucht, er drückt sich das Zeugs. Sie geht auf den Strich, er dealt. Beide werden sterben an ihrer Sucht. Zwei von 500 000 in New York, zwei von 5,5 Millionen in den USA

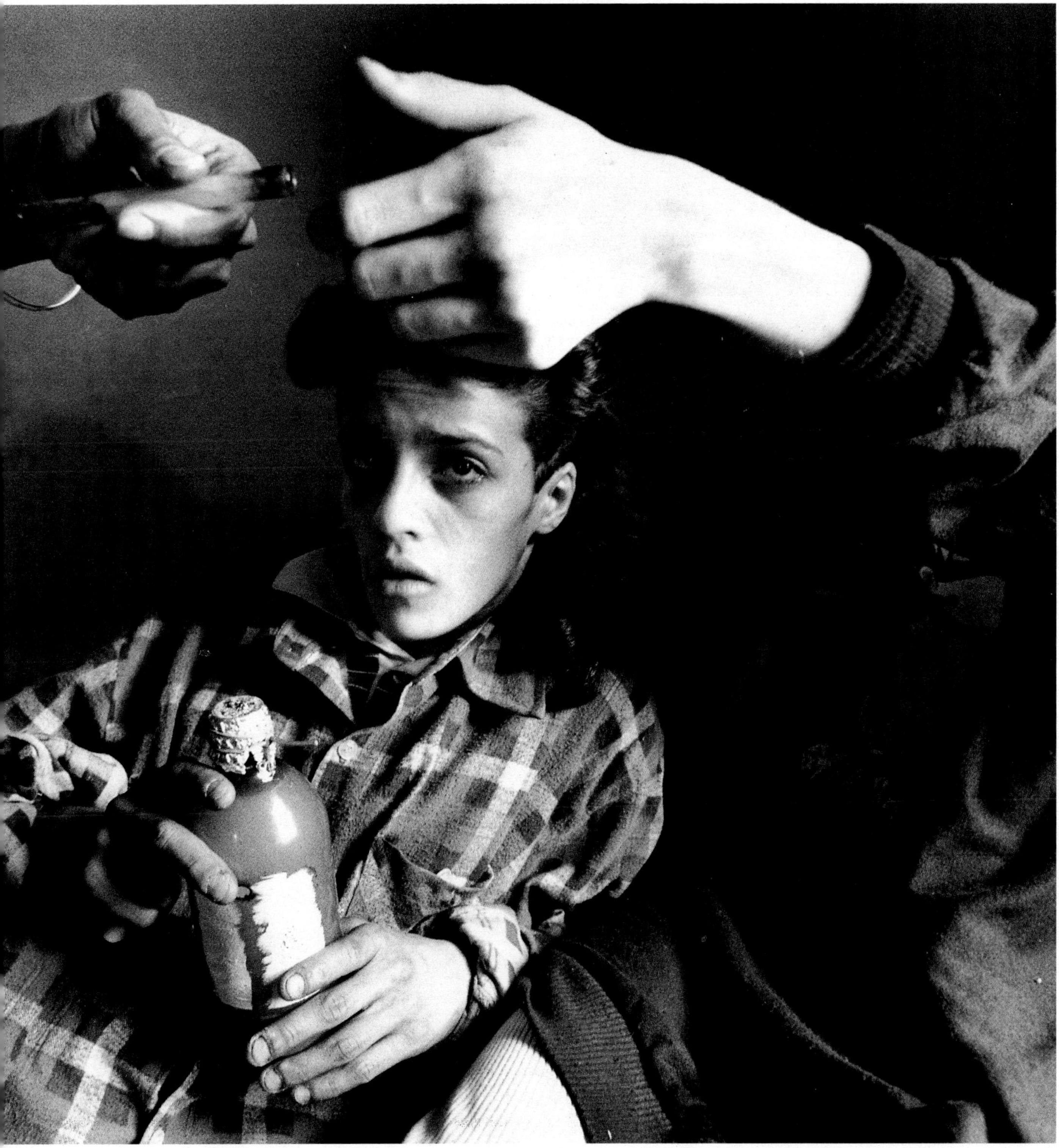

sind high und unberührbar. Andere reden drauflos, wollen die letzten Fragen der Menschheit diskutieren. Danach kommt die schwierigste Zeit: „to stretch the gap“, die Pause verlängern bis zum nächsten Hit. Die Sucht hinauszögern, um nicht sofort alle Dollars zu investieren. Die Pfeife reinigen, die an den Glaswänden hängengebliebenen Reste abkratzen und nochmals anzünden.

Es gibt keine Uhrzeit. Die Abhängigkeit drängt 24 Stunden. Nur unterbrochen von der elenden Pflicht, die Lust zu finanzieren. Gut 60 „crackheads“ pochen pro Tag und Nacht an die Tür. Viele bleiben nur eine Pfeife lang, verschwinden wieder. Ein harter Kern von knapp einem Dutzend gehört zur „family“. Höchst bizarre Mitglieder, die ein hitziges, schrilles, nervenfetzendes Familienleben führen.

Pat, „the breeder“, die Gebärmaschine. Ein Beispiel. 28 Jahre, acht Kinder, acht verschiedene Väter. Sie ist wieder im neunten Monat. Das Kind wird in die Statistik jener 1000 täglich in den USA geborenen „crackbabies“ eingehen. Pat raucht exzessiv, die Folgen für das Neugeborene sind absehbar. Zur Auswahl stehen: schwere Atembeschwerden, Spasmen, Nierendefekte, körperliche Deformationen.

Pat kassiert Stütze, dealt nebenbei, stellt, noch immer, ihre primären und sekundären Geschlechtsmerkmale gegen Entgelt zur Verfügung. Ich frage nach und höre den bemerkenswerten Satz: „Pregnant pussy good pussy.“

Alle lauern auf den Augenblick, wenn Tina eine kostenlose Runde Crack verteilt

Oder Birdy, die Haussklavin. Zahnlos, haarlos, eine 60jährige Haut an einem 45 Jahre alten Körper. So viele Schönheitsfehler retten sie vor dem Strich. Dafür ist sie das Opfer von Tina, der Chefin. Tina sieht gut aus, ist Mutter von fünf Kindern, dealt nicht selbst auf der Straße, läßt andere verkaufen, quält jeden, der schwächer ist, zieht sich einen Kreis hündisch ergebener Habenichtse heran, die auf nichts anderes lauern als auf den Augenblick, wenn Tina eine kostenlose Runde Crack verteilt. Stunde der „freeloaders“, Stunde der Parasiten.

Oder Barbie, die Puertoricanerin. Ihr nicht mehr kontrollierbarer, junger, straffer Körper. Dreimal muß sie ausholen, um eine angebotene Zigarette zu greifen. Ihre Auftritte sind eine Mischung aus Breakdance und hysterischer Bewegungssucht. In diesem Zustand bittet sie mich ins Hinterzimmer. Dort erzählt sie, daß ihre Mutter im Krankenhaus liege, Geld benötige. Sie zappelt an meinem Reißverschluß herum. „Fuck me“, bettelt sie, „I've got to get the money.“

Auch Peggy hat ein Auge auf mich geworfen. Ist sie wieder zurück auf der Erde, schüttelt sie ihre Brüste und schnüf-

Lisa war 19, als sie erschossen wurde von einem, der ihren Freund meinte. Manchmal kommen Schwester und Mutter und weinen am Grab, und das ist sie auch schon, die Story von Lisa Morales

felt an ihren Schuhen, um nach imaginären Crackteilchen zu suchen. Erfolglos. Jetzt blickt sie herüber. Dann schreibt sie auf ein sauberes Blatt Papier ihre Angebote und die dazugehörige Preisliste. Ich bin weiß und Geldbesitzer. Ich zahle doppelt.

Junge Burschen treten auf, vor allem nachts, bis fünf Uhr früh. Sie arbeiten als Straßenverkäufer für Tina, liefern Geld ab, bekommen ein neues „pack", ein Bündel mit 20 bis 24 Stück Crack. Sie sind die ärmsten im Drogengeschäft, riskieren das meiste. Carlos versteckt unter einer Skihose seine oberschenkeldick bandagierten Waden. Erinnerung an sechs Schüsse eines unfreundlichen Kunden. Die Wunden sind lange verheilt, die Polster dienen als Stützen.

Tammy kommt. In der Rechten hält sie eine Flasche „Wild Irish Rose", einen starkprozentigen Billigfusel. Als Tiger, die Nadel am Handgelenk, sie in der Küche lallen hört, zieht er ihr mit einem Glasfiberstab über den Hintern. Tammy hat gestern einen Kunden beklaut. Nicht der Rede wert. Daß sie das Diebesgut hier im Haus versteckt, no problem. Daß sie aber volltrunken jeden darüber informiert, das verdient Hiebe. Die kleine Dünne fällt heulend auf die Knie, flennt zum Gottserbarmen um Verzeihung.

Nach der Strafaktion begibt sich Tiger wieder auf sein Zimmer. Viermal täglich spritzt er, acht Stunden schaut er fern, und „einmal am Tag", sagt er, „muß ich heulen. Da kommt irgendeine Familienscheiße im Fernsehen, und ich weiß dann, daß mein Leben kaputt ist." Seine Kids sind fort, verteilt auf Großmütter, Gefängnisse und die Straße.

Wütendes Gekeife plötzlich. Schichtwechsel. Sechs Mädchen sollen ausrücken. Drei gehen anschaffen, drei andere schreiben die Autonummern der Kunden auf, zur Sicherheit. Es regnet. Zwei Mädchen weigern sich zu gehen. Die Wortschlacht droht handgreiflich zu werden. „You motherfuckerundercovercrackhead" steht entweder am Anfang oder am Ende einer Anrede. Tina bellt dazwischen, die sechs ziehen ab.

Bald darauf schrillt es wieder. Barbie entdeckt auf dem Fußboden geknäultes Klopapier. Die Knäuel riechen gemein, benutzt. Peggy gerät in Verdacht, sie soll das „monster pig" sein. Peggy schwitzt vor Wut, fährt mit einem Kleenex durch die eigene Unterwäsche, zieht triumphierend das fleckenlose Papier hervor, schnaubt: „Listen, bitch, my ass is clean."

Ein Zug an der Pfeife, und Angel ist unerreichbar, taub. Nackt rennt sie hinaus auf die Straße

Die Straßenhändler kommen zurück, fassen neue Ware. Einer bringt Tina die tägliche Ration Kokain. Sie zieht sich das Pulver mit einem Strohhalm in die Nase. Das macht sie großzügig. Sie spendiert ein paar Crackkrümelchen. Es ist spät, die Freeloaders haben für heute alles verschachert. Ihr Geld, ihren Körper, sogar die „food stamps", die Lebensmittelscheine, sind verpfändet. Das alles ist sofort Vergangenheit, it cracks, zehn Minuten lang heben sie ab, fliegen. Die Welt ist vorbei, weit weg.

Bis die Tür knallt. Peetee stürmt herein, schreit: „Tiger, gib mir deine Knarre." Tiger zieht seine „Iver Johnson M1" unterm Bett hervor. Peetee hastet zurück auf die Straße. Im Laufschritt erklärt er mir den Zusammenhang. Den ersten Teil kenne ich: Vor einer Stunde wurde Pat auf dem Heimweg vom Lebensmittelgeschäft überfallen, um 18 Dollar und eine Handvoll Crackpackungen erleichtert. Peetee, der vor der Haustür dealt, hat das räuberische Trio gesichtet, will es abfangen.

Pat, Tyson und Tammy stürmen mit. Die drei kommen nicht weit. Eine Frau fällt ihnen auf, eine alte Feindin, unverbesserliche Schuldnerin lächerlicher

Manchmal können sie fliegen, die Kids von East New York, und noch schaffen sie das, ohne zur Pfeife zu greifen, denn überall liegen Matratzen herum, die Startrampen der Kids von East New York

Schulden. Es ist Nacht. Die Zeit für Mahnreden ist vorbei. Tyson (schwanger) eröffnet mit einem Schwinger auf die Nieren, Pat (schwanger) zielt mit einer Geraden auf die Brüste, Tammy holt mit den Füßen aus. Es dauert keine Runde, und das Opfer geht schluchzend in die Knie, fällt in den Dreck. Die Sieger filzen die Taschen, fummeln unter dem Büstenhalter, erbeuten genau 3,70 Dollar. Sie lassen ab. Peetee kommt. Ohne Beute. Das Trio hat sich spurlos verzogen.

Ich breche auf, muß schlafen. Mitten im schmutzignassen East New York treffe ich Angel. Drei Narben ziehen sich durch ihr hübsches Gesicht. Wir kennen uns flüchtig. „She's headstrong", heißt es von ihr. Halsstarrig. „Komm", sagt sie, „ich weiß einen ruhigen Platz." Es ist kühl, wir laufen. In der Van Sinderen Avenue steht ihre Lieblingsruine, wir schlüpfen hinein. Man hat mich gewarnt vor ihr: „You better stay away. This girl is a transformer."

Dreißig Sekunden später weiß ich, daß sie recht hatten. Angel zieht das Glasröhrchen aus ihren Turnschuhen und legt die weißen Kügelchen auf das Sieb. Der erste Zug genügt. Sie knöpft ihr einteiliges Kleid auf, wirft es zu Boden. Sie ist nackt, bis auf den Slip und die Schuhe. Gackert. Flache, gepreßte Laute, noch gedämpft von der typisch krächzenden Stimme des Crackrauchers. Dann durchsucht sie wie von Sinnen ihren Körper, wühlt in den Achselhöhlen, späht zwischen die Beine. Nichts. Nichts in den Schamhaaren, nichts im Hintern, nichts zwischen den Zehen, nichts in den Ohren. Kein Milligramm Crack. Wer diesem Teufelsritt aufsitzt, wird „transformiert", schleudert in einen anderen Bewußtseinszustand.

Angel ist nun unerreichbar, taub. Jede Hilfe schlägt sie zurück. Nach zwei Minuten wird ihr die Ruine zu eng. Sie muß hinaus, irgendwo da draußen liegt das Crack, sie weiß es. Und sie rennt los, rennt nackt und laut schreiend durch die von Müll und Häßlichkeit stinkende Van Sinderen Avenue. An irgendeinem Sonntagmorgen, irgendwann zwischen 5 und 5.15 Uhr früh, irgendwo an der Grenze zwischen dem beschissenen Brownsville und dem beschissenen East New York, irgendwo am Rande der Welt. □

Eugene Richards, 48, begann 1992 eine Video-Dokumentation „Cocaine True, Cocaine Blue" über Lebensläufe von Suchtabhängigen. Er war 1987 „Photojournalist of the Year" für seine Dokumentation der Armut in den USA. Der mit dem Egon-Erwin-Kisch-Preis 1992 ausgezeichnete **Andreas Altmann**, 43, hat 1986 acht Monate in Manhattan gelebt. Schuld daran war unter anderem ein Satz des geborenen New Yorkers Henry Miller: „Wer seine Feigheiten entdecken will, muß hier vorbeikommen."

Ukraine

New York
ist noch immer die Stadt der
Immigranten

ENDSTATION SEHNSUCHT

»Gebt mir eure Müden, eure Armen, eure bedrängten Massen, die sich danach sehnen, frei zu atmen«, steht auf dem Sockel der Freiheitsstatue, und das gilt auch heute noch. Seit gut 200 Jahren nimmt New York immer neue Wellen von Einwanderern auf, ist die Stadt so etwas wie das Vorzimmer der USA: jener Ort, an dem die Neubürger lernen, was es heißt, Amerikaner zu sein. Derzeit ist jeder fünfte Bewohner der Sieben-Millionen-Metropole im Ausland geboren. Durch die Einwanderungswellen der letzten 15 Jahre hat sich die Stadt in ihrem ethnischen Mix so stark verändert wie selten zuvor. Auf den Gassen Chinatowns wird für all jene, die an ihn glauben, den American Dream, ein kleines Englisch-Lehrbuch verkauft. In der zweiten Lektion geht es um das Wort »Hoffnung«. Und auf die Frage: »Haben Sie Hoffnung?« steht dort als Antwort: »Ich setze all meine Hoffnung in meine Kinder«

Kambodscha

Kuba

Afghanistan

VON LANCE MORROW · FOTOS: CHUCK FISHMAN

Vor mir saß der leibhaftige Amerikanische Traum, verkörpert durch einen 17jährigen Koreaner. Der junge Mann war selbstbewußt, konzentriert, aufgezogen wie eine Uhrfeder. Eine strenge konfuzianische Ethik hatte ihn geformt und diszipliniert.

Sein Vater war sechs Jahre zuvor nach New York gekommen und hatte einen Schnapsladen aufgemacht. So wollte er das Geld verdienen, mit dem er seine Kinder auf eine höhere Umlaufbahn in die amerikanische Zukunft schießen konnte – als Ärzte vielleicht, als Physiker oder Mathematiker. Ich sah den Einwanderer-Ehrgeiz des Vaters aus den Augen des Sohnes blitzen.

Wir saßen in den eichenholzgetäfelten Hallen des Harvard Club an der 44th Street in New York. An den Wänden hingen präparierte Köpfe ostafrikanischer Tiere, die Theodore Roosevelt und andere amerikanische Großwildjäger Anfang des 20. Jahrhunderts erlegt hatten – Elefant und Warzenschwein und Schraubenantilope. (Der große Elefantenkopf in der Great Hall war aus mir unerfindlichen Gründen blaßblau gestrichen worden, und nun leuchtete er fahl von der Wand wie ein Elefantengespenst.)

Ich war Mitglied eines Komitees, das Bewerber fürs Harvard College interviewte. Alle meine Kandidaten kamen von der Stuyvesant High School in Brooklyn, einer Eliteschule für Begabte. Viele Absolventen dieses Instituts waren Einwanderer der ersten Generation, und sie zeichneten sich allesamt durch den Adrenalinschub der Neuankömmlinge aus, durch ihre fast mit Händen zu greifende Energie.

Sie wirkten zielbewußt, wenn auch manchmal ein wenig verängstigt. Der Zwang, es in Amerika zu etwas zu bringen, lag wie eine schwere Bürde auf diesen jungen Menschen, denen aufgegeben war, die Träume und Hoffnungen ihrer Eltern nachträglich zu verwirklichen.

Alle konnten erstaunliche schulische Leistungen vorweisen. Sie hatten zudem in zwei, drei Jahren die englische Sprache erlernt, und zwar so mühelos, daß es ihre amerikanischen Altersgenossen (die sich mit Fremdsprachen meist schwer tun) beschämen müßte. Viele der Schüler, mit denen ich sprach – Koreaner, Vietnamesen, Kambodschaner – hatten in den besonders wichtigen Fächern Physik und Chemie die Höchstpunktzahl erreicht.

Ich habe diese Jugendlichen immer gern gefragt, mit welcher Lektüre sie sich in ihrer Freizeit beschäftigten. Dann sahen sie mich gewöhnlich ein wenig verunsichert an, als wollten sie vor mir verbergen, welche Autoren aus der alten Heimat sie womöglich in jenen kostbaren Augenblicken lasen, die sie nicht bei der zielgerichteten Hatz nach einer besseren Zukunft verbrachten.

Oder aber sie hatten bereits ihre Erfahrungen mit Interviewern wie mir gemacht. Dann pflegten sie die Namen Ernest Hemingway oder F. Scott Fitzgerald zu nennen – aber auf eine etwas hilflose Weise, die mir zeigte, daß sie diese Stücke amerikanischen Kulturgepäcks nur mit sich schleppten, um jenes einladende Nicken an der Eingangstür zu bekommen, auf das sie so sehr hofften.

*

Was ihren nationalen Mythos angeht, sind Amerikaner nicht weniger sentimental als andere Völker. In ihrer kollektiven Erinnerung läuft, ihnen nahezu unbewußt, so etwas wie ein heiliger Film über die überlieferte Vergangenheit ab. Hauptdarsteller sind: die Pilgerväter, die Staatsgründer und die Pioniere, die in ihren Planwagen über die endlosen Prärien nach Westen zogen.

Allein 1991 kamen 167969 Immigranten aus 170 Ländern nach New York. Die meisten stammten aus der Dominikanischen Republik, der GUS und aus Jamaika. Insgesamt hat sich der Anteil der im Ausland Geborenen an der US-Bevölkerung seit 1970 mehr als verdoppelt. Heute liegt er bei über 20 Millionen Menschen; das ist der prozentual höchste Stand seit 1910

Und stets gehört auch die Ellis-Island-Sequenz zu diesem mentalen Film – körnig, sepiabraun eingefärbt, gefühlsbeladen. Einwanderer mit wettergegerbten Gesichtern und sehnsuchtsvollen Mienen; Menschen aus

Äthiopien

Indien

Rumänien

Iran

Griechenland und Rußland, aus Rumänien und Italien, aus Polen und Irland. Sie stehen dichtgedrängt an der Reling, ihre dunklen Augen scheinen den Morgennebel durchdringen zu wollen, suchen die Freiheitsstatue, suchen New York, suchen Amerika. Straßen, die mit Gold gepflastert sind. Das Paradies. Die bessere Zukunft.

Im Gegensatz zu den Pilgerväter- und Pionierszenen dieses Films aber ist die Sequenz „Einwanderung" noch längst nicht abgeschlossen. Sie findet auch heute noch statt; nur auf eine deutlich andere Weise als im 19. und frühen 20. Jahrhundert.

Amerikaner können sie jeden Tag beobachten, aber sie romantisieren diese Sequenz nicht mehr. Vielmehr begegnen sie den hereinströmenden Einwanderern mit Gefühlen, die von Staunen über Beunruhigung bis zu Abneigung reichen – und gelegentlich sehen sie das Ganze auch mit einer gewissen Erheiterung.

Asiaten machen inzwischen fast fünf Prozent der Bevölkerung im Staate New York aus, doppelt soviel wie vor zehn Jahren. Sie stellen die am schnellsten wachsende Gruppe unter den Einwanderern – und auch die tüchtigste: Acht von zehn New Yorker Gemüseläden werden beispielsweise von Koreanern geführt

Vor nicht allzu langer Zeit bin ich mit der U-Bahn zum Shea Stadium nach Queens gefahren, um die New York Mets unter Flutlicht Baseball spielen zu sehen. Die Subway unterquerte den East River in der Nähe der Freiheitsstatue, tauchte auf der anderen Seite des Hafens wieder auf und fuhr durch die hereinbrechende Dämmerung eines schönen Sommerabends. In den Waggons die Pendler aus der Stadt, einen Ausdruck betäubter Leere auf ihren Gesichtern.

Ich war mit einem Freund unterwegs, und uns fiel fast gleichzeitig auf, daß wir die einzigen Weißen im Wagen waren. Von Station zu Station hatte sich eine stetig wachsende Ansammlung aller nur denkbaren Hautfarben und Physiognomien zu uns gesellt. Wir schauten in die Gesichter und versuchten, die Ursprungsländer zu erraten.

Ich meinte, eine Frau mittleren Alters aus Guatemala auszumachen; eine Filipina mit Kind; einen vietnamesi-

Laos

Dennis Stock/Magnum/Focus

Zu Haus

in der

Thomas Ernsting/Bilderberg

W

Wilfried Bauer

mit 13%

Preis

Douglas Faulkner/Photo Researchers

vort

Zwei attraktive Angebote von GEO SPECIAL.

e

Wilfried Bauer

Ein Jahr Lesevergnügen mit GEO SPECIAL

Lois Lammerhuber

elt

Michael Melford

eil!

Ob Sie sich selbst alle 2 Monate überraschen lassen wollen oder Ihre Freunde, Bekannten, Kollegen – GEO SPECIAL bietet Ihnen hier die beste Gelegenheit.
Mit den vorbereiteten Bestellkarten genießen Sie alle Vorzüge eines GEO SPECIAL Geschenk bzw. Jahres-Abonnements: Sie sparen über 13% gegenüber Einzelverkauf und der Empfänger erhält GEO SPECIAL portofrei, regelmäßig und pünktlich frei Haus!

GEO SPECIAL als Geschenk

Bitte freimachen, falls Marke zur Hand.

Antwort-Postkarte

GEO SPECIAL
Leser-Service
Postfach 10 25 25

W-2000 Hamburg 1

GEO SPECIAL im Abonnement

Bitte freimachen, falls Marke zur Hand.

Antwort-Postkarte

GEO SPECIAL
Leser-Service
Postfach 10 25 25

W-2000 Hamburg 1

Mit den besten Wünschen

ein GEO SPECIAL

Geschenk-Abonnement

von ____________________ für:

6mal im Jahr, alle 2 Monate, erschließt GEO SPECIAL Städte, Regionen und Länder der Welt. In großartigen Bildern und in beeindruckenden Reportagen wird der Alltag der Mitbewohner unserer Erde zum intensiven und unvergeßlichen Erlebnis. Herzlich willkommen in der Welt von GEO SPECIAL!

Die Karte, die Freundschaft erhält

Bestellkarte für ein GEO SPECIAL Geschenk-Abonnement

Für dieses Geschenk-Abo gilt zur Zeit über 13% Preisvorteil, d.h. Sie zahlen nur DM 12,80 pro Heft inkl. Zustellung statt DM 14,80 Einzelpreis. Als besonderen Geschenk-Service stellen wir Ihnen die oben vorbereitete Geschenk-Karte zur Verfügung. Tragen Sie bitte einfach Ihren Namen und die Adresse des Beschenkten ein – als persönliche Geste.

Adresse des Auftraggebers:

Name / Vorname

Straße / Nummer

☐ W-
☐ O - PLZ Wohnort

Datum / 1.Unterschrift

Gewünschte Zahlungsweise (bitte ankreuzen):

☐ **Bequem und zeitsparend durch Bankabbuchung** (1/2 jährlich DM 38,40 für 3 Hefte)

BLZ (vom Scheck abschreiben) Kontonummer

Geldinstitut

☐ **Jahresrechnung** (DM 76,80 für 6 Hefte) Bitte keine Vorauszahlung leisten. Rechnung abwarten. Preise bei Lieferung ins Ausland auf Anfrage.

Dauer des Geschenk-Abonnements:

☐ Bis auf Widerruf (mindestens jedoch 6 Hefte)
☐ Limitiert auf 6 Hefte.

Widerrufsgarantie: Diese Bestellung kann ich durch Absendung einer kurzen Mitteilung an den GEO SPECIAL Leser-Service, Postfach 10 25 25, W-2000 Hamburg 1 innerhalb von einer Woche (Poststempel) widerrufen. Ich bestätige dies mit meiner zweiten Unterschrift.

2. Unterschrift des Auftraggebers

Adresse des Abonnement-Empfängers:

Name / Vorname

Straße / Nummer

☐ W-
☐ O - PLZ Wohnort

51810G

Ihre Vorteile, wenn Sie ein GEO SPECIAL Abo verschenken:

- Jedes GEO SPECIAL mit zur Zeit über 13% Preisvorteil, d.h. Sie zahlen nur DM 12,80 pro Ausgabe inkl. Zustellung statt DM 14,80 Einzelpreis.
- Keine Mehrkosten für Porto und Verpackung, denn die Versandkosten sind bereits im Preis enthalten.
- Geschenk-Service für Sie: Die vorbereitete Geschenk-Karte, die Sie dem Beschenkten zusenden oder überreichen können.
- Sie können die Bestellung durch Absendung einer kurzen Mitteilung an den GEO SPECIAL Leser-Service, Postfach 10 25 25, W-2000 Hamburg 1 innerhalb von einer Woche (Poststempel) widerrufen. Rechtzeitiges Absenden genügt.

GEO SPECIAL Abonnement mit über 13% Preis-Ersparnis!

JA, ich bestelle ein GEO SPECIAL Abonnement. Ich erhalte jedes GEO SPECIAL mit zur Zeit über 13% Preisvorteil, d.h ich zahle nur DM 12,80 pro Ausgabe inkl. Zustellung statt DM 14,80 Einzelpreis. Als nächste Ausgaben erscheinen die GEO SPECIALS: Südafrika, Ägypten, Indien, Das Amerika der Mayas, Australien. Bitte senden Sie mir die jeweils nächsten Ausgaben sofort nach Erscheinen zu. Ich kann jederzeit kündigen, mit Geld-zurück-Garantie für bezahlte, aber noch nicht gelieferte Ausgaben.

Name / Vorname

Straße / Nr.

☐ W-
☐ O - Postleitzahl Wohnort

Datum / Unterschrift. Bitte unbedingt hier unterschreiben.

Auslandspreise: Schweiz Fr. 12.80 statt Fr. 14.80 Einzelpreis. Österreich S 95,- statt S 105,- Einzelpreis. Sonstiges Ausland DM 12,80 zuzüglich Porto.

Gewünschte Zahlungsweise (bitte ankreuzen):

☐ **Ich bezahle bequem und bargeldlos** durch 1/2jährliche Bankabbuchung (DM 38,40 für 3 Hefte)

Bankleitzahl (bitte vom Scheck abschreiben):

Kontonummer

Geldinstitut

☐ **Ich zahle gegen Jahresrechnung** (DM 76,80 für 6 Hefte. Keine Vorauszahlung leisten, Rechnung abwarten).

Widerrufsgarantie: Diese Bestellung kann ich durch Absendung einer kurzen Mitteilung an den GEO SPECIAL Leser-Service, Postfach 10 25 25, W-2000 Hamburg 1 innerhalb von einer Woche (Poststempel) widerrufen. Ich bestätige dies mit meiner zweiten Unterschrift.

Unterschrift. Bitte hier unbedingt unterschreiben.

Ich erlaube Ihnen, mir interessante Zeitschriftenangebote auch telefonisch zu unterbreiten (ggf. streichen). 51809N

Ihre Vorteile:

- Jedes GEO SPECIAL mit zur Zeit über 13% Preisvorteil, d.h. Sie zahlen nur DM 12,80 pro Ausgabe inkl. Zustellung statt DM 14,80 Einzelpreis.
- Keine Mehrkosten für Porto und Verpackung, denn die Versandkosten sind bereits im Preis enthalten.
- Sie versäumen kein GEO SPECIAL Thema, denn von jeder Ausgabe ist ein Exemplar auf Ihren Namen reserviert.
- Sie können jederzeit kündigen, mit Geld-zurück-Garantie für bezahlte, aber noch nicht gelieferte Ausgaben.
- **Widerrufsgarantie:** Sie können die Bestellung durch Absenden einer kurzen Mitteilung an den GEO SPECIAL Leser-Service, Postfach 10 25 25, W-2000 Hamburg 1 innerhalb von einer Woche (Poststempel) widerrufen. Rechtzeitiges Absenden genügt.

schen Greis; mehrere Chinesen, Perser, Äthiopier, Araber, Koreaner und Türken; und ein indonesisches Ehepaar, gelöst und voller Energie in einer ansonsten eher mürrischen Menge, die von Müdigkeit wie vor den Kopf geschlagen schien.

An diesem Nachmittag strömte das neue amerikanische Ensemble in Hunderte von Miniaturausgaben der alten Heimat zurück: in winzige Saigons, in kleine Splitter von Odessa, von Damaskus und Seoul.

Die Vereinigten Staaten sind immer noch ein Land großzügiger (manche meinen: selbstzerstörerischer) Gastlichkeit. Während der achtziger Jahre sind 7,4 Millionen Einwanderer aufgenommen worden, mehr als in irgendeiner anderen Dekade nach dem gewaltigen Immigrantenstrom von 1900 bis 1910.

Fast 40 Prozent aller Auswanderer dieser Welt sind im vergangenen Jahrzehnt in den USA gelandet. Und wenn auch Los Angeles und Miami inzwischen einen größeren Anteil von Einwohnern beherbergen, die nicht in den Vereinigten Staaten geboren sind (vor allem Mexikaner und Lateinamerikaner), so ist New York doch fraglos die am deutlichsten kosmopolitische aller amerikanischen Immigrantenstädte.

New York bringt es fertig, die verschiedensten Kulturen auf engstem Raum zusammenzudrängen: Da ist die Second Avenue in Höhe von Manhattans 6th Street zum Beispiel – von einer gewürzschweren Luft umhüllt, das Viertel der kleinen indischen Läden.

Oder die Atlantic Avenue in Brooklyn – ein veritabler Basar, aus dem Nahen Osten unverfälscht nach New York verpflanzt.

Oder Brighton Beach, wo mehrere Einwanderungswellen ein kleines Rußland angespült haben.

Oder die Trottoirs vor den Edelgeschäften an der Fifth Avenue und der

Vier von zehn Jugendlichen im Staate New York haben eine schwarze, braune oder gelbe Hautfarbe. Sollten die Einwanderungszahlen gleichbleiben, dann würde sich der Bevölkerungsanteil der nichtweißen Amerikaner bis zum Jahre 2020 auf 115 Millionen verdoppeln, und ab 2060 wären sie in der Mehrheit

Rußland

Afghanistan

Sudan

Schweiz

Vietnam

Madison Avenue, wo senegalesische Straßenhändler ihre falschen Rolex-Uhren auf kleinen, mit schwarzem Samt bezogenen Tabletts präsentieren, und wo, weil der Straßenhandel verboten ist, immer ein Mann Schmiere steht.

In den U-Bahnstationen spielen peruanische Bands die rhythmische Musik der Anden: klare, schwebende Klänge, die diese rauhe Unterwelt für kurze Augenblicke verzaubern. Um es mit T. S. Eliot zu sagen: Saphire im Schmutz. Diese Musiker sind die Nomaden der neuen Weltordnung. Im vergangenen Sommer traf ich auf dem Prager Wenzelsplatz eine Gruppe peruanischer Musiker, die ich zuvor schon einmal gesehen hatte: in der U-Bahnstation an der 86th Street in Manhattan.

Im letzten Jahrzehnt haben sich weltweit 19 Millionen Menschen legal eine neue Heimat gesucht. Fast 40 Prozent davon baten in den USA um Aufnahme – mehr als in jeder anderen Dekade seit der großen Einwanderungswelle von 1900 bis 1910. Oder wie an der Freiheitsstatue geschrieben steht: »Schickt mir die Heimatlosen und Getriebenen, ich hebe meine Lampe neben der Goldenen Tür«

Viele der Immigranten sind illegal ins Land gekommen und arbeiten ohne behördliches Wissen in Ausbeuterbetrieben, die in verkommenen Wohnungen der Außenbezirke eingerichtet worden sind. Die Einwanderungsbehörde ist so überlastet, daß sie nur gelegentlich Verhaftungen vornimmt – kaum mehr als symbolische Gesten.

Amerikas ohnehin nicht sonderlich eng geknüpftes soziales Netz ist inzwischen zum Zerreißen gespannt. Folglich sehen viele Bürger keinen Sinn mehr darin, ihre Steuergroschen für Unterbringung, Schulbildung, Verpflegung und medizinische Versorgung immer neuer Massen von Einwanderern auszugeben.

Im jüngsten Präsidentschaftswahlkampf haben Konservative wie der republikanische Rechtsaußen Pat Buchanan – obwohl selbst ein Abkömmling irischer Einwanderer – schon lauthals einen Einwanderungsstopp gefordert.

Ein New Yorker jedenfalls hat oft genug den Eindruck, in einer internationalen Zone ohne klar definierte Grenzen zu leben. Doch das Boot – ist es wirklich voll?

*

Der koreanische Junge im tiefen Ledersessel des Harvard Club spulte seine Pro-forma-Liste mit Romanen von Hemingway ab. Dann verlor sich seine Stimme, als wollte er sagen: Ist das nun amerikanisch genug?

Ich hakte nach: „Lesen Sie sonst noch einen Autoren besonders gern?“

„Isaac Asimov“, erwiderte er nach kurzem Zögern.

Das erschien mir einigermaßen vielversprechend, obwohl Asimov Hunderte Bücher geschrieben hat und ich nur zwei oder drei davon kannte.

Der koreanische Junge wagte sich zum ersten Mal aus seiner Ecke konfuzianischen Pflichteifers heraus und erzählte lebendig und mit ansteckender Begeisterung von anderen Planeten und von Asimovs Science-fiction-Visionen der Zukunft. Er hätte ebensogut von Amerika sprechen können, das für ihn wohl immer noch so etwas wie ein fremder Planet war.

Ich erinnerte mich, daß ich zehn Jahre zuvor Isaac Asimov zum Lunch getroffen hatte. Er trug damals einen enormen Backenbart und die lange, ein wenig wirre Haartracht des sprichwörtlich verrückten Professors. Wir diskutierten über Intelligenz und Darwinsche Anpassung. Als wir über Immigration redeten – über die Wanderung von Genen in einer kosmischen Größenordnung –, reagierte Asimov fast ein wenig romantisch und rief leidenschaftlich aus: „Stellen Sie sich vor: Neue Gene, neue Kombinationen!“

Ich dachte an jene lange zurückliegende Begegnung, als ich mich von dem koreanischen Jungen verabschiedete. Später habe ich für seine Aufnahme gestimmt, und Harvard nahm ihn auf. So hat auch er sich auf die höhere amerikanische Umlaufbahn katapultiert. □

Lance Morrow, 53, Reporter und Essayist bei „Time“, ist einer der nachdenklichsten Betrachter des American way of life. Seinen Text hat Hans-Joachim Becker ins Deutsche übertragen.

Chuck Fishman, 39, ist in New York zu Hause. Der weltweit publizierte Fotograf arbeitet gerade an einem Buch über Immigranten am JFK Airport. Das Sujet hat ihm bereits einen World Press Photo Award eingetragen.

Ein Bit
mehr
Eleganz
Bitte ein Bit
Bitburger
Ein Besonderes unter den Besten
Seit 1817
Garantiert beste Rohstoffe
Nach deutschem Reinheitsgebot
Bitte ein Bit
Bitburger
Premium Pils
KLASSISCH HERB
Bitburger Privatbrauerei Th. Simon Bitburg/Eifel
Bitburger. Ein Besonderes unter den Besten.

VON ANDREW POSTMAN

IST DIES EIN ORT DER ROMANCE ODER HÖLLE DER EINSAMEN UND VERLASSENEN?

Warum ich mich auf das Rendezvous mit einer Unbekannten einließ? Ich weiß es, ehrlich gesagt, nicht mehr. Ich erwartete sie an einem verregneten Samstag vor dem Museum für Naturgeschichte und verstand mich selbst nicht. Ein „blind date", liebe Güte, demnächst würde ich Kettenbriefe beantworten und Lottoscheine kaufen. Sascha war die Freundin eines Freundes und sollte nach dessen Beschreibung groß sein und mittellanges braunes Haar tragen. So sahen in New York etwa 800000 Frauen aus. Wir hatten ausgemacht, uns zwei Dokumentarfilme auf der vierstöckigen Naturemax-Leinwand des Museums anzusehen.

Ein Blind date ist eine so sichere Methode, jemanden nicht näher kennenzulernen, daß es schon wieder komisch ist, sich doch darauf einzulassen. Aber ein New Yorker, der die Nähe eines anderen Menschen sucht, darf sich nicht allzu lange mit dem Gedanken aufhalten, er könne etwas von seiner Würde einbüßen. Das Schlimmste, was ich verlieren konnte, waren 60 Dollar für den Abend.

Ist New York für Verliebte ein Paradies oder eher die Hölle? Kommt drauf an. Ich glaube, es gibt ein paar Gründe, die es einem durchaus erleichtern, sich hier zu verlieben. Leider macht es die Stadt einem dann aber ungemein schwer, verliebt zu bleiben. Man findet kaum die Ruhe und Ausgeglichenheit, die eine gute Partnerschaft verlangt. New York mag ein großartiger Ort für Kurzbesuche oder begrenzte Aufenthalte sein (bei denen man den unglaublichsten Personen begegnen kann; Menschen, wie man sie wohl nur hier findet), doch ein frischverliebtes Paar sollte die Stadt schleunigst verlassen.

Es klingt vielleicht merkwürdig, aber ich glaube, es ist der Mangel an Wohnraum, der Romanzen erleichtert. New Yorker Apartments sind so klein, daß wir häufig außer Haus gehen. Keiner hat einen Swimmingpool, also schwimmen wir im Club. Die Becken sind wegen der hohen Grundstückspreise zu klein, also müssen sich mehrere Schwimmer eine Bahn teilen. Wir stoßen mit den Köpfen aneinander – und verlieben uns.

Dieselbe Enge aber nervt jedes Paar, sobald es fest zusammenlebt. Richard, von Beruf Autor und verheiratet mit einer Innenarchitektin, kann ein Lied davon singen: „Alison und ich verdienen gut. Aber wir leben in einer engen Einzimmer-Wohnung, und selbst die können wir uns kaum noch leisten." Er hat sich inzwischen schon dabei ertappt, nicht mehr besonders erfreut zu sein, wenn er abends nach Hause kommt.

In einer Hochhausstadt ohne echten Horizont ist der Wohnraum ein wichtiger Faktor für die

psychische Gesundheit. Aber wer verfügt schon über die 1500 Dollar im Monat, die zwei Menschen in Manhattan mindestens aufbringen müssen, um sich in den eigenen vier Wänden wohl zu fühlen?

Sascha, meine Verabredung, erschien auf der Museumstreppe. Sie war hochgewachsen, trug mittellanges braunes Haar und war dazu auch noch schön. Sie lächelte. Mir fiel auf, daß sie die „New York Review of Books" unter dem Arm trug. Zu allem Überfluß schien sie auch noch gebildet zu sein.

Zahllose Gratis-Attraktionen bieten in dieser Stadt ungewöhnliche Möglichkeiten, Leute kennenzulernen. Shakespeare unter freiem Himmel, Opern im Central Park, Magier am Washington Square. Paraden, Feuerwerke, das chinesische Neujahrsfest, Straßenmärkte, der Weihnachtsbaum am Rockefeller Center – die vollständige Liste der kostenlosen Erlebnisse würde Seiten füllen. Mein Freund Terry, ein Filmemacher, hat das bei einem Sommerflirt erfahren: „Wo wir auch hinkamen, überall war was los. Wir waren beide knapp bei Kasse, aber da uns nie das Programm ausging, verloren wir kein Wort darüber."

Andererseits (es gibt immer ein Andererseits) macht New York es den Liebenden schwer, wenn beide hart arbeiten – und zweifellos arbeiten New Yorker in der Regel härter als die Bewohner anderer amerikanischer Städte. Wahrscheinlich härter als der Rest der Welt. (Unsere Skyline wäre nachts nicht so schön erleuchtet, gäbe es nicht all die Leute, die noch zu später Stunde arbeiten.)

Nancy, zwei Zimmer, ein Freund, sagt: „Wenn wir beide nach Hause kommen, ist es ziemlich spät. Wir sind abgeschlafft. Beim Abendessen öden wir uns an. Ehrlich gesagt, ist es uns wichtiger geworden, früh ins Bett zu kommen, als miteinander zu reden." Die knappe Freizeit wird nicht etwa der Zuneigung gewidmet, sondern in der mühseligen Routine des New Yorker Alltags verbraucht.

Nun gut, ließe sich einwenden: Falls zwei einander wirklich lieben, könnten sie doch beide etwas Arbeit opfern und dafür mehr Zeit gemeinsam verbringen. Schon richtig. Aber wer diese Freiheit sucht, der hätte erst gar nicht nach New York ziehen dürfen, denn er muß darauf gefaßt sein, seinen Job im Handumdrehen an irgendeinen ungebundenen Irren zu verlieren, der bereit ist, das geforderte Quentchen Mehrarbeit zu erbringen. Nicht zu Unrecht sagte John F. Kennedy jr.: „Andere Städte sind Substantive, New York ist ein Verb."

Die Filme handelten vom Leben der Biber und vom Grand Canyon. (New Yorker sind für Filme über Schluchten sehr empfänglich.) Der Nieselregen auf dem Rückweg störte uns nicht. Wir nahmen unser Abendessen bei Anglers & Writers in der Hudson Street ein. Wir gingen um zehn, kauften die „New York Times" und setzten uns in ein Bistro, wo wir das Kreuzworträtsel lösten. Danach sahen wir uns noch einen Spätfilm an.

Natürlich habe ich es versäumt, einen großen Nachteil dieser Stadt anzusprechen: den Mangel an heterosexuellen Männern und die Peinlichkeiten, denen eine kontaktfreudige Frau ausgesetzt sein kann. Nun ja, das ist wirklich ein Problem. Männer und Schwule haben es in Manhattan erheblich leichter. Es gibt zwar auch Orte in Amerika, wo die Umstände die Frauen begünstigen, aber die liegen leider alle in Alaska.

Sascha schlief während des Films ein. Es wurde zwei Uhr morgens. „Es war ein sehr schöner Abend", sagte ich ihr zum Abschied. „Für mich auch", antwortete sie. Wir verabredeten uns. Ich machte mich auf den Heimweg, den Rest der acht Pfund schweren „Times" unterm Arm. Ich hörte Musik, ich sah Lichter. I was in love. □

Andrew Postman, 31, Sohn des Medienkritikers Neil Postman, ist in New York geboren und aufgewachsen. Seinen Text hat Holger Christmann übersetzt.

DER TRAUM VON EINER STADT

METROPOLIS

Wie mit diamantenen Lichtern besetzt, erhebt sich das Art-déco-Diadem des Chrysler Building über das nächtliche New York und läßt einen an Orte denken, die nicht von dieser Welt sind: Batmans Gotham City zum Beispiel oder das Reich des Zauberers von Oz. Manhattan, dieser Cluster aus Stahl, Glas und himmelan strebenden Vertikalen, war stets mehr als nur die größtmögliche Verdichtung urbanen Lebens – der Versuch nämlich, einer Stadt Magie zu verleihen

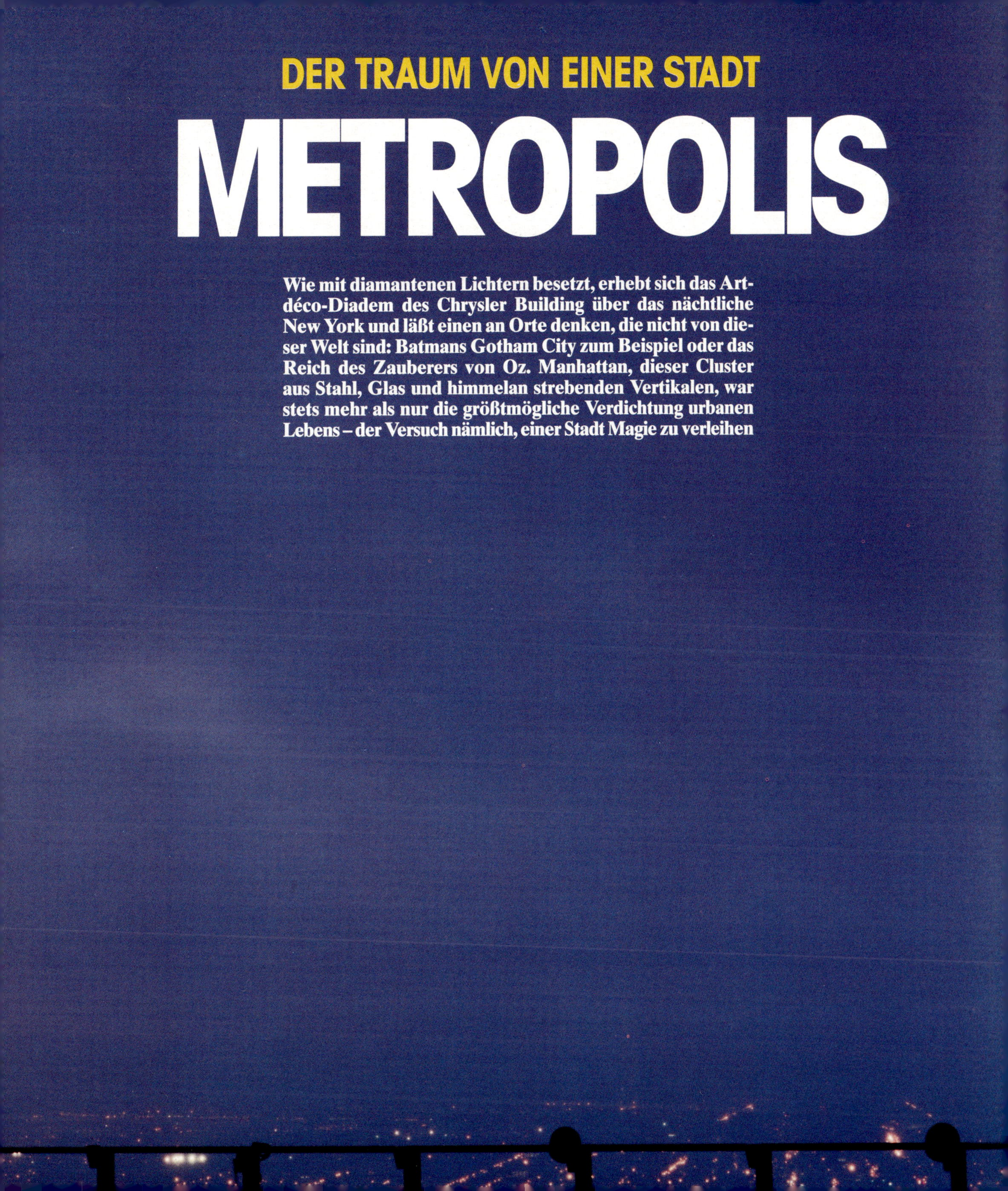

Nachts scheint Manhattan wie von Energiesträngen durchzogen, fließt unten durch die Avenues der Strom, während über der Stadt ein wartender Pilot seine Kringel an den Himmel malt

Von New Jerseys Piers aus gesehen, könnte die Stadt voraus auch das sagenhafte Atlantis sein, aus dem Wasser erbaut und von so erhabener Künstlichkeit, daß ihr Untergang jederzeit wieder möglich erscheint

Es gibt Augenblicke, sagen die New Yorker, in denen ist Manhattan nichts anderes als perfekt, und wahrscheinlich gehören jene Abendstimmungen dazu, wenn die Hochhäuser wie Kulissen erstrahlen und man den Etagen ansieht, wo die Workaholics sitzen und wo nicht

VON LANCE MORROW · FOTOS: GEORG FISCHER

Eine kleine Pagode am Ufer des Sees im Central Park. Leichte Brisen kräuseln die Wasseroberfläche. Dann ist wieder alles still. Blaue Libellen tanzen durch das hohe Schilf am Rande des Ufers.

Sonntagmorgen im Sommer. In der Pagode stehen die Zwillingsbänke einander gegenüber wie Chaiselongues, gerade so lang, daß man die Beine hochlegen und schreiben kann. Mein Filzschreiber schabt übers Notizbuchblatt und produziert ein kaum vernehmbares, wisperndes Insektengeräusch. Ich blicke auf und sehe in knapp zwei Meter Entfernung eine Spottdrossel, die auf einem Busch von Zweig zu Zweig hüpft.

Der Vogel macht einen fast zahmen Eindruck, ist offenbar an Menschen gewöhnt, die still auf diesen Bänken sitzen und ihm wie Priester Brotkrümel auf den Fingerspitzen reichen. Ich schaue in den blitzblauen Himmel. Das grelle New York macht sich nur mit einem goldbehelmten Apartment-Hochhaus auf der West Side bemerkbar. In meiner Blickrichtung zerteilt es die Wipfel zweier Eichen wie ein Denkmal, das über einen Wald hinausragt.

Meine Frau und ich haben diesen Ort durch Zufall entdeckt. Wir waren mit dem Fahrrad auf vertrauten Pfaden unterwegs, radelten am Bethesda-Brunnen vorbei und schoben unsere Räder dann über eine steile Böschung durch dichtes Gebüsch zum Seeufer. Dort stießen wir unvermittelt auf dieses verwunschene Plätzchen.

New York ist eine schwierige Stadt. Ich wohne seit 27 Jahren hier, muß aber gestehen, daß mich immer wieder einmal der Wunsch anweht, hinaus aufs Land zu ziehen oder zurückzugehen nach Washington, D. C., wo ich aufgewachsen bin. Washington ist ruhiger, grüner und will nicht so hoch hinaus. Aber ich habe New York nie für längere Zeit verlassen können.

Den Schlüssel zu einem glücklichen Leben in New York – genaugenommen die einzige Möglichkeit, nicht verrückt zu werden – findet man hier nur, wenn man mit der Stadt seinen persönlichen Frieden schließt: wenn man ihre vielen, häufig verborgenen Schätze findet und sich daran erfreut. Es geht darum, die von Menschen wimmelnde, manchmal brutale Metropole dem eigenen Alltag, dem eigenen Geschmack anzupassen. Man muß sie sich zurechtrücken, ja: inszenieren.

Es gibt Augenblicke, in denen New York geradezu perfekt ist. Die New Yorker sammeln solche goldenen Augenblicke nahezu unbewußt:

Die Stunde vor Einbruch der Dämmerung an einem klaren Dezembertag zum Beispiel. Man geht auf der Fifth Avenue durch ein reines, kaltes Licht in südlicher Richtung auf das Plaza Hotel zu; der vorweihnachtliche Lichterschmuck strahlend hell im schwindenden Tageslicht; die Bürgersteige belebt; die ganze Welt frisch und wie kristallen. Aus den Nüstern der Kutschpferde steigen Atemwölkchen.

Über der Ersten Welt liegt die Dritte wie eine Doppelbelichtung

Oder ein Nachmittag im Oktober (rote und goldene Blätter; strahlendblauer Himmel), an dem man sich beim Straßenverkäufer einen Hot dog und eine Limo kauft und zum Bootsteich im Central Park mitnimmt. Dort kann man Modellsegelschiffe beobachten, die in einer steifen Brise krängen, ferngelenkt von konzentriert hinschauenden Männern und Jungen, die am Ufer die Antennen ihrer Fernsteuerungen schwenken wie Zauberstäbe.

Oder die Brooklyn Bridge in einer hellen Vollmondnacht, wenn die Aufbauten dieses Meisterwerks leuchten und ein geradezu außerirdisches, schwebendes Summen von ihm ausgeht, erzeugt von Autoreifen auf dem Gitterwerk der Fahrbahnen.

Oder das Chrysler Building in einer ähnlichen Nacht, wenn man am Himmel das Art-déco-Diadem des berühmten Hochhauses sieht, besetzt mit diamantenen Lichtern – so elegant, daß der Mond daneben unfertig wirkt wie ein ungeschliffener Edelstein.

Woody Allen unterlegt solche Einstellungen in seinen Filmen mit

Hier sind die Bauten wie abstrakte Gemälde oder wie Antiquitäten vergangener Dezennien, und man beginnt zu verstehen, weshalb einer wie Woody Allen die Kamera nach oben richten läßt, wenn er seiner Stadt die Liebe erklärt

Gershwin-Klängen. Die Stadt ist sein Musikinstrument, und er spielt es behutsam, fast zärtlich. Doch leider – New York ist nie sehr lange so wunderbar erlesen.

F. Scott Fitzgerald hat einmal geschrieben, nur ein Genie könne gleichzeitig zwei gegensätzliche Vorstellungen im Kopf behalten, ohne wahnsinnig zu werden. So gesehen, hat New York durchaus etwas Geniales. Die Stadt ist die Erste Welt, über der die Dritte Welt liegt wie eine Doppelbelichtung und die denselben Raum beansprucht. New York, genauer: Manhattan, ist zerklüftet, ist durchzogen von einer ungeschlachten, häufig sinnlosen Energie, gleichsam einer elektrischen Ausschweifung. Die Stadt ist fraglos bedeutend, aber auch: mächtig, leidenschaftlich, kraß; ein Nährboden für moralische Dissonanzen.

Der New Yorker speichert die kristallenen Augenblicke seiner Stadt, aber er übersieht dabei nicht ihren Schmutz und ihre Verwahrlosung: die Obdachlosen in den Hauseingängen oder die mit Graffiti übersprühten U-Bahn-Wagen, die aussehen, als litten sie unter Hautausschlag.

Häufig sind beide Elemente ineinander verwoben. Mitten in einer Sommernacht dringt das Nachtlied der Stadt in eine Wohnung in Manhattan: Irgendwo explodiert ein Feuerwerkskörper; die Alarmanlage eines Autos keift los, schrill wie ein aufgeschreckter Dschungelvogel; die Sirene eines Krankenwagens jault auf dem Weg zur nächsten Notaufnahme. Doch dann perlt plötzlich Mozart aus einem Klavier, weht über den Luftschacht, dringt durch die heiße, stehende Luft; ein Fließen reinster Intelligenz. Die Manichäer des 3. Jahrhunderts nach Christus waren der Überzeugung, Satan existiere zeitlich und räumlich gleichberechtigt mit Gott. New York ist vermutlich eine manichäische Stadt.

Der Essayist E. B. White, ein ebenso scharfsinniger wie liebevoller Beobachter der Stadt, hat 1949 geschrieben: „New York ist weder Paris noch London ähnlich, und es ist auch nicht einfach Spokane im Staat Washington mit sechzig multipliziert oder Detroit mit vier.“ New York ist ein einmaliges, neurotisches, schwieriges Bündel ver-

Sie nennen es »Lipstick«, den Lippenstift: Philip Johnsons Oval an der Third Avenue, das wie so vieles in Manhattan mehr sein will als nur Büro – Signal nämlich, daß, was funktional ist, auch schön sein kann

schiedener Energiestränge. Die Stadt ist, weiß Gott, höchst lebendig.

Man sucht nach ihren Glück verheißenden Geheimnissen. Mein liebster Aufenthaltsort ist, wie schon erwähnt, der Central Park – ein Ort, der dieser Stadt hilft, das Gesicht zu wahren. Mitten in der urbanen Verdichtung aus Glas, Stahl und himmelan strebenden Vertikalen bietet der Park eine Atempause, bildet ein weitläufiges Intervall aus grüner, horizontal geprägter Natur. Während Manhattan massiv und gedrängt ist, geradlinig und schrill, ist der Central Park das brillant gestaltete Beispiel einer Landschaft der sanften Formen.

Bei Niedergeschlagenheit: Ein Besuch bei den Pinguinen

Es ist nicht einfach, in New York Kinder großzuziehen; gerade jüngere können hier nicht so frei herumstromern wie anderswo. Ich habe mit meinen beiden Söhnen Tausende von Stunden auf Streifzügen und Entdeckungsreisen im Central Park zugebracht. Und doch hält das Grün immer noch Überraschungen für uns bereit, gibt es immer wieder ein Dickicht, das wir noch nicht erforscht, eine Wiese, die wir noch nicht gesehen haben. Wir haben auch schon am Seeufer gesessen und Blaureihern zugesehen, die bewegungslos im flachen Wasser standen und fischten, ein Bein angezogen, das uns zugewandte Auge rollend, mit dem langen Schnabel urplötzlich zustoßend.

Vor ein paar Jahren ist der Park um einen neuen Zoo bereichert worden. Der alte war ein schreckliches Tiergefängnis: Beton und eiserne Gitterstäbe und Kreaturen, die dahinter in einer verzweifelten, psychotischen Ruhelosigkeit hin und her liefen. Kann gut sein, daß der alte Zoo einen Schatten auf die Kindheit von Millionen von New Yorkern geworfen hat – als Erinnerung an etwas Grausames und Dummes, wie eines jener kretinhaften, nichts als furchteinflößenden Märchen.

Der neue Zoo dagegen ist womöglich so etwas wie die Wiedergeburt der Intelligenz in diesem Teil der Stadt. Die Gitterstäbe sind verschwunden, und die Tiere streifen in einer freieren, artgerechteren Umgebung umher.

Nichts bereitet mir größeres Vergnügen, als die Pinguine in ihrer nachgebauten Antarktis zu beobachten. Ich besuche sie, wenn ich niedergeschlagen bin. Dann sitze ich eine Weile im Dunkeln auf der Menschenseite der gläsernen Trennwand. Die Welt der Pinguine ist hell ausgeleuchtet, und ich sehe den watschelnden und torpedogleich durchs Wasser schießenden Wesen zu, in deren fröhlicher Gesellschaft nur die allerschwärzeste Depression überleben könnte.

Der Central Park zieht Gift und Zorn aus dem Kreislauf der Stadt

An warmen Sonntagen wird aus dem Park ein Freilichttheater der New Yorker Kulturen. Zauberer und Pantomimen zeigen ihre Künste. Die Luft ist erfüllt von unterschiedlichsten Klängen: Reggae und Streichquartett, Dixieland und karibischer Merengue, Salsa und Blues. Der Park hat die Eigenschaft, Dinge zu verwandeln. Er zieht Gift und Zorn aus der Stadt, rundet allzu scharfe Kanten und verlangsamt den hektischen urbanen Stoffwechsel.

Im Westen und Osten grenzen die großen Museen an den Park. Am Central Park West: das American Museum of Natural History. An der Fifth Avenue: das Metropolitan Museum of Art. Beide sind nun wahrhaftig keine Geheimtips, aber sie gehören zum Besten, was die Stadt an Zivilisiertem zu bieten hat.

Ich habe das Museum of Natural History immer als einen Ort für Kinder gesehen. Und so bin ich auch nur hingegangen, um meinen Söhnen Dinosaurier und afrikanische Tiere zu zeigen – die Löwen und Zebras in ihren sonnendurchfluteten Glaskästen voll nachgebildeter ostafrikanischer Landschaft, in hypnotischer Starre, Felle und Mähnen von echten Motten zerfressen.

Es hat mir dort aber, zugegeben, immer besser gefallen als meinen Söhnen. Sie waren vor dem Fernseher groß geworden, und so hat sie die starre Illusion dieses Panoptikums wohl eher gelangweilt. Vermutlich war das Ganze für sie lediglich eine etwas ungeschickte, altmodische Täuschung. Mich dagegen hat das Museum stets verzaubert.

Jeder New Yorker hat sein ganz persönliches New York, das sich von dem der anderen deutlich unterscheidet, deutlicher vielleicht, als es die Menschen in anderen Metropolen mit ihrer Stadt erleben. New York ist gleichsam vernetzt durch einen komplexen Schaltkreis von Gruppen und Untergruppen, die so etwas wie hochspezialisierte Volksstämme sind. Sie unterscheiden sich genetisch voneinander, durch ihre Kultur, ihr Herkunftsland. Oder durch ihren Geschmack, ihre Neigungen, ihre Leidenschaften. Die vielen energiegeladenen Stränge dieses dichten, verschlungenen Netzes elektrisieren New York, geben ihm eine seltsame Kraft und gleichzeitig eine rätselhafte Schönheit.

Selbst Menschen, die wie ich seit vielen Jahren hier leben, entdecken immer wieder neue Plätze und Kulturen: vollentwickelte Subkulturen, die an unerwarteten Orten blühen und gedeihen.

Brooklyn zum Beispiel ist nur einer von fünf Verwaltungsbezirken New Yorks – zugleich aber eine eigene Welt, weit größer als Manhattan und voller seltsamer Überraschungen. Entlang der Atlantic Avenue finden wir die Kultur des nahen Ostens: unverfälschtes Syrien und reinsten Irak. Ein Mini-Rußland blüht in Brighton Beach, und im Westen existiert ein hermetisch abgeschlossenes Haiti.

An einem Sonntagmorgen im Frühling hat ein Freund mich einmal durch die fast menschenleeren Straßen Brooklyns zum Floyd Bennett Field gefahren, einem verlassenen Militärflughafen an der Südspitze des Bezirks. Dort haben wir auf ausgemusterten Landebahnen inmitten von Sumpfgrasflächen ein paar Stunden lang riesigen, benzingetriebenen Modellflugzeugen mit der Spannweite eines ausgewachsenen Kondors zugesehen, die mittels Fernsteuerung in komplizierten Manövern durch den Luftraum über der alten Air Base

Sie waren einst die höchsten Gebäude der Welt, das Woolworth Building und die Türme des World Trade Center, aber diese Zeiten sind lang schon vorbei, und manchmal scheint's, als trauere die Stadt dieser Vergangenheit immer noch nach

schnurrten. Die Modellflieger hielten sich an hochkomplexe Regeln, was Flugzeugklassen und vorgeschriebene Flugfiguren anging. Hier hatte eine bizarre kleine Subkultur einen überwältigenden Standard erreicht; auch das ein Beispiel für eine Art von sinnloser Besessenheit, in der sich New York nicht so einfach übertreffen läßt.

Wer nach Coney Island und Far Rockaway hinausfährt, wird traurigere Zivilisationen entdecken: alte Ruinen, ein heruntergekommenes Amerika der Einwanderer, deren Überlebende verängstigt in Altersheimen an der Strandpromenade dahindämmern, während jugendliche Drogenbanden die Straße beherrschen.

Die Stadt reagiert wie ein Kristall auf Licht und Energie

Selbst solche Szenen aber machen die seltsame Kraft New Yorks aus. Die Magie der Stadt beruht auf ihrer kulturellen Dichte und vielgestaltigen Beimischungen. So wie bereits ein einziges Molekül die DNS-Erbinformationen des ganzen menschlichen Wesens enthält, so enthält New York City die Codierung der ganzen Welt, ist gleichsam eine Weltausstellung und ein Festival der Exile und Exilanten.

In New York gehört das Gehen zu den intelligentesten Möglichkeiten der Fortbewegung. Denn ähnlich wie der Central Park verändert auch der Fußmarsch den ungestümen Stoffwechsel der Stadt und verschafft dem Betrachter einen gewissen Abstand. Wer in Manhattan zu Fuß unterwegs ist, hat die beste Chance, zu erleben, was die Stadt jederzeit und unvermutet an magischen – oder manischen – Energien abzustrahlen imstande ist.

Auf diese Weise lernt man auch den Wandel der Jahreszeiten am ehesten schätzen. Die Stadt ist ein Kristall voll geballter Energie, in dem Licht und Stimmungen zuweilen verblüffend reagieren auf einen veränderten Sonnenstand, auf Temperatur und Wind und was sonst noch an Gunstbezeigungen der Natur anfallen mag. Für eine Metropole, die als hart,

Auch wenn manche der gipsernen Grazien ihm nur die Schulter zeigen, so bleibt das silbrige Citicorp Center dennoch einzigartig unter Manhattans steil aufragenden Quarzquadern – nicht das größte Gebäude der Stadt, auch nicht das höchste, sondern einfach nur: das schönste

575
JOHN MORAN
MARY FRANCES
JOHN J. MORAN
AAB

gar brutal gilt, ist New York auf bemerkenswerte Weise Stimmungen unterworfen.

Es ist recht einfach, mehr oder weniger ziellos durch Manhattan zu streifen; so kann man sich auf interessante Weise verlaufen. Wenn ich das Bedürfnis habe, in Ruhe über etwas nachzudenken, laufe ich stundenlang einfach nur umher.

Man kann aber auch gezielt vorgehen. Den Stadtbummel etwa im Riverside Park am Hudson beginnen, eine halbe Stunde lang parallel zum Fluß in südlicher Richtung marschieren, dann abbiegen, die vornehme Wohngegend an der Upper West Side bis zum Central Park durchqueren und sich dort wieder nach Süden wenden, zum unteren Ende des Parks an der 59th Street, wo Midtown Manhattan anfängt. Dann die Fifth Avenue hinunter, vorbei an Nobelgeschäften, an St. Patrick's Cathedral, über die Straßen mit den vierziger Nummern zur New York Public Library, diesem großartigen Büchertempel, und so immer weiter in südlicher Richtung auf die Spitze von Manhattan zu, bis zur Lower East Side, nach Little Italy und Chinatown, wo ein hundert Jahre altes Amerika der Einwanderer in einer Art atmosphärischen Dämmerlichts erhalten geblieben ist; ein ebenso seltsamer wie liebenswerter Effekt.

Es ist schade, daß die meisten Besucher mit dem Flugzeug eintreffen. Sie landen gewöhnlich auf dem Kennedy Airport, nicht gerade einem der freundlichsten Flughäfen. Dann werden sie in klapprigen Taxis in die Stadt gekarrt, wobei sie wenig einnehmende Viertel durchqueren, und, sobald sie Manhattan erreicht haben, sogar Slums.

Wer so ankommt, der wird um eine der schönsten Seiten New Yorks betrogen: um den überwältigenden Anblick, den die Stadt der Wolkenkratzer aus der Ferne bietet.

Wer sich Manhattan dagegen aus südlicher Richtung nähert, vom Flughafen Newark in New Jersey aus, vor dem tut sich ein Bild von geradezu symbolischer Gewalt und seltsamer Schönheit auf. Zunächst fährt er meilenweit an Ölraffinerien vorbei, über denen in hohen Schloten Erdgas abgefackelt wird. Er passiert ein Gewirr aus Rohrleitungen und schier endlose Felder, auf denen in geordneten Reihen Öltanks stehen wie gigantische Kohlköpfe. Strenger Schwefelgeruch hängt in der Luft. Autofahrer kurbeln die Fenster hoch. Eine Landschaft, die an Dantes Inferno erinnert.

Manhattan – eine überwältigende Ansammlung hochragender Quarzquader

Und dann, irgendwo hinter dem Ort Metuchen, führt die Straße über eine leichte Anhöhe, und auf dem Scheitelpunkt der Steigung sieht der Fahrer im leichten Dunst in der Ferne die gedrängt stehenden Türme Manhattans: eine überwältigende Ansammlung hochragender Quarzquader, die scharf gegliedert aus dem Boden wachsen; eine Welt, die gen Himmel weist. Von hier aus gesehen, ist New York von geheimnisvoller Schönheit, der sagenhaften Märchenstadt Oz nicht unähnlich.

New Yorks Zauber ist vor allem visueller Natur: ein ganz bestimmtes Licht auf den Gebäuden, Augenblicke einer rätselhaften, weltstädtischen Klarheit, in denen New York den Preis wert zu sein scheint, den es fordert. Diese flüchtigen Momente gehören zu den Freuden, die New York für jeden bereithält.

Vor ein paar Jahren bin ich einmal bei Nacht in einem Boot um Manhattan herumgefahren. Ein dichter Sprühregen, der eher an fallenden Nebel erinnerte, legte sich in Schleiern über die Stadt, löste das Lichternetz in den Fenstern der Bürotürme auf und hüllte alles in ein verwaschenes, helles Leuchten – stark, aber auch merkwürdig mild und freundlich.

Einen ähnlichen, eher noch verblüffenderen Effekt habe ich einmal an einem Tag Anfang April erlebt. Der Morgen war kühl und regnerisch gewesen. Gegen Mittag zog eine Kaltfront aus Kanada über uns hinweg. Die Temperatur fiel innerhalb kurzer Zeit um mehr als 15 Grad Celsius, und es begann zu schneien. Aus anfänglichem Schneeregen wurde richtiger Schnee, der in dicken Flocken vor einem heftigen Nordwestwind in die Stadt stürmte.

Ich verließ mein Büro und machte mich auf den Weg zu meiner Wohnung an der Upper East Side. Als ich zur 60th Street gekommen war, versank ich schon bis zu den Knöcheln im Schnee.

Ich trug nur einen leichten Regenmantel und kämpfte mich, leicht vornübergeneigt, aber bester Stimmung, gegen den Schneesturm voran. Im Radio und im Fernsehen war der Wettersturz angekündigt worden, und die Menschen versuchten, die City zu verlassen, solange es noch möglich war. Die Straßen waren von Autos und Bussen, die sich nur langsam voranschoben, fast verstopft.

Als ich an der 80th Street ankam, lag bereits so viel Schnee, daß die Menschen ihre Fahrzeuge einfach am Straßenrand stehen ließen. Da standen die Blechkisten nun und verwandelten sich unaufhaltsam in weiße Hügel mit gerundeten Konturen. Nach und nach überzog der Blizzard New Yorks schroffe und grelle Energien mit einer sanften Schneedecke. Dann rissen die Wolken plötzlich auf und wurden weggefegt. Die Sonne kam heraus. Die Stadt glitzerte.

Ein Polarwind fauchte über die Schneewehen. New York hielt vorübergehend den Atem an. Und in der ganzen Stadt herrschte an diesem strahlendweißen Nachmittag die wunderbare, eindrucksvolle Stille der Natur. □

Lance Morrow schrieb in diesem Heft auch über die Immigranten und das Metropolian Museum (Übersetzung: Hans-Joachim Becker). **Georg Fischer,** 46, ist einer von Deutschlands renommiertesten Technik- und Architekturfotografen. Diese Reportage hat er mit einer Großbildkamera erarbeitet.

GELD-ADEL Sie waren Nachfahren der ersten Einwanderer, sie waren reich, und sie lebten der königslosen Nation vor, was es heißt, ein Aristokrat zu sein: die WASPs, die »White Anglo-Saxon Protestants«. Bis vor wenigen Jahrzehnten waren sie die herrschende Klasse der Stadt. Heute sind andere mächtiger, doch New Yorks gesellschaftliches Leben wird nach wie vor von den WASPs geprägt

Gesellschaft mit beschränkter Hoffnung

Abendgala in der Public Library: New Yorks monetärer Adel empfängt die literarische Elite zu einem gemütlichen Plausch

VON NELSON W. ALDRICH JR. · FOTOS: JONATHAN BECKER

Die Kathedrale des guten Geschmacks steht an Manhattans vornehmer Madison Avenue. Das große, wuchtige Gebäude ist vier Stockwerke hoch und erinnert mit seinen Erkern, Kuppeln und Türmen an jene gotischen Reliquienschreine, die ein paar Straßen weiter nördlich im Metropolitan Museum ausgestellt sind.

Der Bau, 1895 für die Millionenerbin Gertrud Rhinelander-Waldorf entworfen, wurde vor ein paar Jahren von dem Modedesigner Ralph Lauren gekauft. Er ließ die Inneneinrichtung rausreißen und baute das Haus zu seinem Hauptquartier um. Genauer: zu einer Vorzeigeboutique, eingerichtet mit jenen exquisiten Utensilien, die ein Kunde des Hauses Lauren gleichsetzt mit gediegenem Lebensstil – alten Lederkoffern, Mahagoni-Schränken, silbernen Bilderrahmen und antiken Tischen, auf denen die Jeans und Hemden des Hausherrn feilgeboten werden.

Das Ganze ist eine Inszenierung; eine Show, die der Klientel suggerieren soll, nicht in einen Klamottenladen geraten zu sein, sondern, sagen wir, in den Herrenclub der Harvard University, so um 1929. Oder anders gesagt: Laurens Shop ist ein Altar. Und verehrt wird der Lebensstil einer Elite, die einst über den ganzen Nordosten der USA herrschte – die WASPs, die „White Anglo-Saxon Protestants".

Diese angelsächsischen Nachfahren der ersten Einwanderer stiegen Anfang des vergangenen Jahrhunderts zur bestimmenden Klasse Amerikas auf. Sie bildeten in der jungen, egalitären Demokratie eine neue Elite, den Geldadel. Sie verdienten ihre Millionen mit Banken oder dem Bau von Eisenbahnen, und sie lebten der königslosen Nation vor, was es heißt, ein Aristokrat zu sein.

Laurens Haus erinnert auf jeder Etage an die große Epoche der WASPs, an jene Ära unmittelbar vor der Weltwirtschaftskrise 1929, als der Ostküstenadel noch unangefochten die Sehnsucht seiner Mitbürger nach gesellschaftlichem Aufstieg beflügelte.

In jenen Tagen war Manhattans gesamte Upper East Side von WASPs bevölkert. Sie saßen in den Aufsichtsräten nahezu jeder kulturellen Institution wie des Metropolitan Museum, der Oper oder der New York Public Library. Sie beherrschten die berühmtesten Universitäten des Landes, Harvard und Yale. Und sie verfaßten in Washington Gesetze, die eine reibungslose Weitergabe von Reichtum und Macht an die nächsten Generationen sicherstellten.

Ihren Mitbürgern erschien es, als besäßen die WASPs jene aristokratische Sicherheit – vererbbar, unanfechtbar –, die über alle Launen des Schicksals triumphiert.

Früh schon erkannte die rasend schnell wachsende Werbewirtschaft jener Tage den Marketingwert dieser Elite und bombardierte fortan jeden Amerikaner mit idealisierten Bildern von deren Wohlstand, Müßiggang und Eleganz: die WASPs zu Hause, beim

Natürlich war alles gut gemeint, doch irgendwie hatte er etwas vom Hautgout des Hofnarrentums, der Abend in der Public Library, bei dem jeder der 15 Tischherren 20 000 Dollar an die Bibliothek spendete für das Vergnügen, sich von einem berühmten Autor unterhalten zu lassen

Einst gehörte den Gardiners ein Teil Long Islands und sogar eine Insel, geschenkt vom englischen König. Heute ist ihr Herrenhaus ein Museum, und manchmal, wenn es ein Jubiläum zu feiern gibt, organisiert Alexander Gardiner eine Party, zu der die Damen historisch kostümiert erscheinen

Polospielen oder auf dem Weg zu den Kommandobrücken von Kapitalismus und Demokratie – Symbole und Metaphern, so mächtig, daß sie jahrzehntelang das Bewußtsein der Konsumenten bestimmten.

Heute aber sind die WASPs im multinationalen, von immer neuen Immigrantenwellen veränderten New York längst eine seltene Erscheinung, ähnlich einer vom Aussterben bedrohten Tierart. Manchmal kann man sie an Wochenenden beobachten, wenn sie die Avenues in ihrer Abendgarderobe entlanglaufen, auf dem Weg zu einer Wohltätigkeitsveranstaltung: der alte Gentleman, würdevoll, aber ein wenig wackelig in den Knien („Hockey in St. Paul's, wissen Sie, anstrengender Sport"), seine Frau, immer noch schön, mit blaugefärbtem Haar und einer Nerzstola.

Um größere Gruppen in freier Wildbahn zu entdecken, muß man schon nach Neuengland fahren, in ihre sommerlichen Ferienorte, oder zu den Abschlußfeiern ihrer Schulen wie Andover oder St. Paul's, wenn die „old boys" in die Schule zurückkommen, die älteren unter ihnen in den Jacketts des Ruderclubs aus weißem Flanell, und noch einmal den Weg zum Teich hinuntergehen, wo sie einst ungestüm Eishockey spielten und sich in der Schönheit und Kraft ihrer Jugend gefielen.

Einige Absolventen dieser Schulen sind bekannte Autoren geworden (vielleicht ist das gar nicht so überraschend; gut zu schreiben ist eine Möglichkeit, sich etwas von dem Einfluß zu sichern, den die eigene Klasse verloren hat). Louis Auchincloss zum Beispiel, der Romancier des WASP-Niedergangs nach dem Zweiten Weltkrieg; oder George Plimpton, der in einem scheinbar mühelosen, an Mark Twain erinnernden Stil Geschichten über die Sportwelt spinnt, in deren Zentrum auf tragikomische Weise er selbst steht; oder Frances Fitzgerald, die höhnisch über unsere fundamentalistische Frömmelei und unser – fehlendes – Geschichtsbewußtsein herzieht.

Auch das Magazin „The New Yorker" war bis vor kurzem eine einflußreiche Bastion des angelsächsischen Oberklassenbewußtseins. Die Redaktion wurde zwar nicht von WASPs beherrscht, aber sie waren dort in der Mehrheit: als Anwälte eines bürgerlichen Humanismus, der individuelle Rechte und kollektive Verantwortung forderte, etwa für die soziale Situation in den Armenvierteln unserer Städte.

Diese Stimme soll jetzt verstummen. Neue Herausgeber sitzen in der Redaktion, und mit ihnen zog ein neues Bewußtsein ein, ein Stil, der sich auf Stars und Prominente konzentriert und damit dem alten Klassenbewußtsein ziemlich entgegengesetzt wirkt: eher emporkömmlerisch als standesbewußt, eher neureich als etabliert, eher self-made und leistungsorientiert als auf die Familie und die soziale Herkunft bezogen oder gar aristokratisch.

Geht es also auch hier endgültig zu Ende mit den WASPs? Ich glaube nicht.

Denn was treibt Tausende neureicher Amerikaner (und natürlich, man braucht es eigentlich nicht zu erwähnen, Europäer und Japaner) dazu, sich begierig in Boutiquen und Antiquitätenläden auf alle Zeugnisse eines Ancien régime zu stürzen?

Neid, natürlich. Nur, Neid auf was?

Kehren wir zurück an die Madison Avenue, in Ralph Laurens Modepalast. Achten wir auf die charmante Ungezwungenheit, mit der die Ölportraits irgendwelcher Ahnen neben einem verblichenen Wandteppich hängen. Betrachten wir die Stilsicherheit, mit der edle Antiquitäten und nicht ganz so edle Kleidungsstücke nebeneinander plaziert sind.

Laurens Inszenierung und seine Kulissen spiegeln perfekt die Weltläufigkeit der WASPs, um die sie von Prominenten oder anderen reichen Erfolgsmenschen beneidet werden, ihre „lässige Eleganz". Und „lässige Eleganz", würde ich sagen, bedeutet vor allem eines: Zugehörigkeit.

Eine Legende mag das unterstreichen. Es begab sich vor gar nicht langer Zeit, daß John Hay Whitney, Erbe eines enormen Vermögens, den Brook Club betrat, einen nicht sehr bekannten, aber angesehenen Männerclub im Osten Manhattans.

„Hello, Jock", sagten die Männer, die im Spielsaal Backgammon spielten.

„Wie geht's, Jock?" fragten die Männer an den kleinen Tischen im Barraum.

„Was darf ich Ihnen bringen, Mr. Whitney?" fragte der Barmann und schob einen Zettel hin, auf dem Whitney quittieren sollte.

Whitney war einer von New Yorks Edelmännern: Yale-Absolvent, berühmter Polo-Spieler, mutiger Flieger im Zweiten Weltkrieg, früherer Botschafter am englischen Hof, Besitzer und Verleger der „Herald Tribune", versierter Kunstsammler, großzügiger Mäzen der von ihm geschätzten Kultureinrichtungen und einflußreiches Mitglied des liberalen Flügels der Republikaner (als es so etwas noch gab).

Die gleiche freundliche und respektvolle Begrüßung wäre ihm im Knickerbocker Club, im Rac-

George Plimpton, Nachfahr von »Mayflower«-Einwanderern und Herausgeber eines literarischen Journals, ist ein aristokratischer WASP von lässiger, leicht gelangweilter Selbstsicherheit. Im New York Racquet Club, dem elitärsten Verein der Stadt (»men's only«), spielt er »Court Tennis« – nach Regeln, die vor 400 Jahren am französischen Hof erdacht wurden

quet Club oder im Yale Club widerfahren. All diesen Clubs gehörte er an. Das Besondere war, daß er dem Brook Club nicht angehörte. Er hatte sich nie darum geschert, Mitglied zu werden.

Aber dennoch *gehörte* Jock Whitney in einem übergeordneten, beinahe metaphysischen Sinne *dazu.* Und eben dieses Gefühl des Dazugehörens, des Zuhauseseins, ist es, was Ralph Lauren seinen Kunden verkauft.

Wir Amerikaner sind Heimatlose. Nicht heimatlos im wörtlichen Sinne, so wie jene mitleiderregenden Opfer von menschlicher und sozialer Vernachlässigung und Rassismus, welche die Straßen New Yorks so traurig erscheinen lassen.

Nein, heimatlos macht uns unsere Ideologie, unser tiefsitzender Glaube an eine absurd individualistische Form der Freiheit, die uns sämtliche Verpflichtungen gegenüber anderen Menschen vergessen läßt, wenn diese „sich nicht mehr auszahlen". Wir ziehen einfach um, wenn wir anderswo bessere Chancen sehen.

Dieser Glaube an unsere eigene, radikal egoistische Selbstverwirklichung hat zu einer zwischenmenschlichen Gleichgültigkeit geführt, die New York zur gefährlichsten und am stärksten verwahrlosten Stadt der sogenannten Ersten Welt macht.

Zu Hause zu sein, zumindest so, wie Ralph Lauren es anbietet, scheint Heilung von all diesen Schmerzen und diesem Schmutz zu versprechen. Lauren ist eine Therapie. Keine Gesprächstherapie, sondern eine Kauftherapie. Und natürlich macht sich das Leiden – wie bei allen käuflichen Heilmitteln – bald wieder bemerkbar und verlangt noch dringlicher als zuvor nach Erleichterung.

Aber die Suche nach Rettung mittels eines Einkaufs bei Lauren ist ausgesprochen sinnlos. Denn was früher einen WASP wirklich ausmachte, das waren nicht seine Hosen oder Jacketts, seine Gemälde

Whitney Tower, Mitarbeiter einer PR-Agentur, ist mit fast allen Familien verwandt, die irgendwann mal etwas galten in New York: den Vanderbilts, den Drexels, den Whitneys. Einer seiner Vorfahren gründete 1930 das Whitney Museum an der Madison Avenue, einem anderen gehörte ein mächtiger Medienkonzern. Towers Sohn heißt, wie es sich für WASPs gehört, Whitney Tower jr. – nur korrekt mit der römischen Drei hinterm Namen

oder antiken Schränke. Sondern es war neben seiner Lebensart vor allem sein Wissen um Dinge, die nicht für jedermann zugänglich waren: seine Exklusivität.

Ralph Lauren hat eine seiner Modereihen „Polo“ genannt, und vielleicht illustriert gerade dieser Sport am besten, was genau Laurens Kunden in seinen Läden suchen. Polo ist aus einleuchtenden Gründen ein dauerhaftes Symbol der Aristokratie. Das Spiel ist teuer und verteufelt kompliziert, und es verkörpert den Stolz einer Oberklasse, in die man sich nicht einkaufen kann, sondern in die man nur per Geburt gerät, ganz nach aristokratischem Prinzip.

Darum kann auch niemand lernen, wie man Polo spielt – jedenfalls nicht, wie „man es richtig spielt“. (Ich hörte einmal, wie ein Weltklassespieler über seinen neureichen Mäzen sagte: „Nun schaut euch an, wie er da draußen rumstümpert! Mein Gott, man könnte meinen, er wolle Schlangen erlegen mit seinem Schläger.“) Dieses Spiel, das die Reitkunst eines Kavalleristen und die Finesse eines Krocketspielers erfordert, ist so teuflisch schwierig, daß man es, um es gut zu spielen, ein Leben lang gespielt haben muß.

Und genau darin liegt das Geheimnis einer Oberklasse wie der WASPs, ihre Macht über die Träume der Neureichen: Sie hat immer gewußt, *wie man Dinge macht.* All das, wofür gewöhnliche Sterbliche studieren und üben müssen – die Kunst der Selbstdarstellung, die Sicherheit des ästhetischen Urteils, all die schwierigen und angenehmen Verrichtungen wie etwa Polo –, all das fällt dieser Klasse in einem geheimnisvollen Prozeß zu, den man „Zucht“ nennen könnte, wäre das Wort nicht so negativ besetzt. All diese Eigenschaften wie „unangestrengt“, „leicht“, „sorglos“ und „nonchalant“ liegen ihr, wie man so sagt, im Blut.

Und noch ein Wort fällt mir ein: „Würde“. Mit ihrer Würde ist die Oberklasse genau dort, wo jeder in dieser ängstlichen, unbeständigen Welt gern wäre: im Reich des wahren Seins, weit weg vom wirklichen Leben, das der Rest der Menschheit zu ertragen hat. Darin liegt die Macht von Ralph Laurens Konsum-Versprechen. Seine Läden lassen den gläubigen Kunden hoffen, daß er sich einkaufen kann in eine fremde Welt, in eine andere Klasse, in der die Regeln von einst noch gelten.

In eine Klasse, die übernatürlich scheint, ja scheinen muß: weil es sie so schon lange nicht mehr gibt. □

Nelson W. Aldrich jr., 57, ist ein Cousin der Rockefellers und wurde ganz in der Tradition seiner Klasse und seiner Familie erzogen. Da er wenig erbte, verdient er sich sein Geld mit Schreiben. Er hat ein Buch veröffentlicht („Old Money“, Knopf 1988) und ist Redakteur bei „Lear's Magazine“. Seinen Text hat Christoph Plate übersetzt. **Jonathan Becker**, 38, veröffentlicht seine Portrait-Reportagen vorwiegend in „Vanity Fair“.

Und dann gibt es da noch die Colonial Dames of America, die in ihren Reihen nur direkte Nachfahren jener Männer dulden, die einst die ersten 13 amerikanischen Kolonien führten. Eine ihrer Aufgaben: Aufruf zu Spenden-Abenden für ein von ihnen betreutes Museum über die gute alte Kolonialzeit

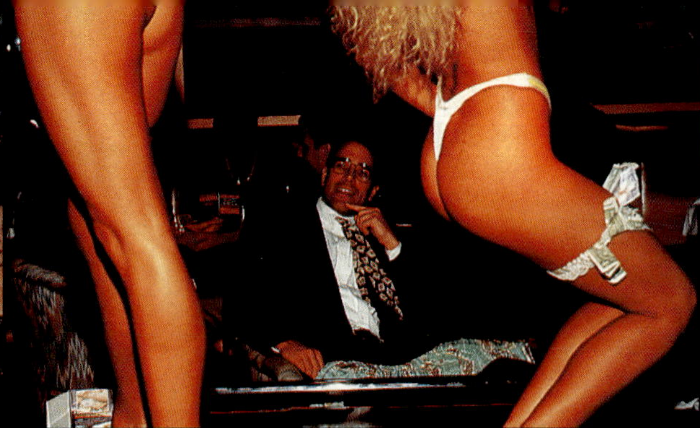

VON MICHAEL MUSTO

NACH KURZER KRISE IST MANHATTANS NIGHTLIFE JETZT WIEDER FÜR JEDEN SCHOCK GUT

Eine typische Nacht in der New Yorker Clubszene? Wenn es so etwas gäbe, dann würde wahrscheinlich ein dreieinhalb Zentner schwerer Madonna-Imitator dazugehören und ein Spinner mit einer Grapefruit auf dem Kopf und, natürlich, Clara, das sorglose Huhn – ein junger Mann, der dafür bezahlt wird, daß er aussieht wie mutiertes Geflügel.

Alle Kleindarsteller dieser Nacht würden rastlos umherlaufen, angestrengt bemüht, sich zum Mittelpunkt des Interesses aufzuplustern, bis sie vor Erschöpfung umfielen. Die Musik wäre beklemmend und nervös, das Tanzen aggressiv, das Outfit der „club kids" extravagant.

Manhattans Nachtlokale sind längst zu Orten geworden, an denen man um so berühmter wird, je aufdringlicher und exaltierter man sich benimmt. In dieser selbstgeschaffenen Welt der Illusionen ist alles erlaubt, und je bedrückender die sozialen Verhältnisse werden, desto wilder sind die Clubs, desto ungehemmter die Gäste.

Viele dieser vergnügungssüchtigen Irren versammeln sich im „Limelight", einer Diskothek und früheren Kirche, wo jeder Raum seine eigenen weltlichen Genüsse vorzuweisen hat, vom Sex bis zum Ex (jener sinneverwirrenden Lieblingsdroge all jener, die morgens nicht aufstehen müssen). Wem das noch nicht reicht, der kann sich am „Orbitron" festschnallen lassen, einem großen radähnlichen Gerät, das ihn kreuz und quer umherschleudert, während Techno-Music aus den Boxen dröhnt und die abgekämpfte Menge mit offenen Mündern zusieht.

Die frühere Kirchenkapelle des Limelight ist heute der VIP-Raum. Hier wirbelt der Discjockey einen Siebziger-Jahre-Oldie nach dem anderen auf den Teller, rasten die Besucher in ihren schrägen Aufmachungen (Theaterblut im Gesicht, falsche Wimpern, Sturzhelme, Masken und anderes mehr) dazu aus.

Was häßlich ist, gilt hier als schön – zumal, wenn's ums Benehmen geht, denn das besteht vornehmlich aus Schreien, Schieben, Ackern, Baggern. Das Spektakel, das sich auf drei verschiedenen Bühnen abspielt, macht den Gast so gaga, daß er schon nach Minuten nicht mehr weiß, ob der Kleine da drüben in seiner Zwangsjacke wirklich nur eine Show abzieht.

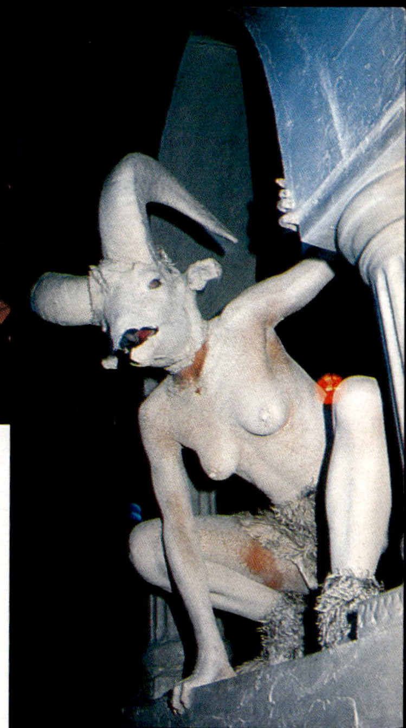

Die Club-Kids sind vorwiegend College-Studenten, die ihre gesamte Existenz dem Leben nach Mitternacht gewidmet haben (Leute wie „Sushi" zum Beispiel, der mit seinen Plexiglas-Tentakeln als Octopus auftritt). Sie alle haben anscheinend wirklich Spaß an so merkwürdigen Zerstreuungen wie zum Beispiel der gebotenen „Unnatural Acts"-Revue – einem Varieté, bei dem in einem Club tanzende Amputierte auftreten oder auch ein junger Artist, der seinen eigenen Urin trinkt.

Stammgäste im Publikum sind während dieser Shows leicht zu erkennen: Das sind jene Zuschauer, die lächeln, statt sich zu übergeben.

Diese Kids, manche erst 16, haben alles gesehen, alles getragen und alles ausprobiert. Sie haben es satt, daß man ihnen immer wieder vorschwärmt, wieviel aufregender die siebziger Jahre waren; also spielen sie diese Ära einfach nach.

Platzend vor Testosteron, sind sie es leid, ständig vorgehalten zu bekommen, daß sie keine Drogen nehmen sollen, keinen Sex haben können und keinen Spaß – sie tun's einfach.

Sie vergnügen sich auf Teufel komm raus und scheren sich einen Dreck um die harte Realität, die draußen auf sie lauert. Und während die Wirtschaft langsam kaputtgeht und alle irgendwie sparen müssen, verteilen die Clubs Tausende von Gratis-Karten, locken Gäste mit Billig-Drinks und Prominenten-Dinners und hoffen, daß auch ein paar kommen, die selber zahlen.

Sind sie erst einmal da und anständig berauscht, haben diese Gäste vor allem anderen eines im Sinn: Sex.

Der Umgang mit Aids hat sich seit dem ersten, alles erschütternden Auftreten der Krankheit drastisch geändert. Das Ergebnis entlädt sich in einer neuen sexuellen Revolution. Vor zehn Jahren dachte noch jeder, daß Sex für alle Zeiten und in welcher Form auch immer unmöglich sein würde. Aber dann verbreitete sich nach und nach der Safer Sex, die brachliegenden Hormone explodierten, und die Leute fingen an, die verlorene Zeit aufzuholen.

Das „Roxy", eine große Schwulendisco, schmückt sich mit muskulösen Gogo-Boys, die vor ebenso ansehnlichen und durchtrainierten Männern einen Strip hinlegen.

In der Stripbar „Goldfinger's" tummeln sich Obenohne-Mädchen in Duschkabinen mit Gucklöchern. Jeder Spanner darf mal reinschauen, und manchmal wird ein Gast sogar mit hineingelassen, seine Hände freilich muß er dabei auf dem Rücken halten.

Und das Limelight bietet seinen Kunden als besondere Lustbarkeit jeden Mittwochabend einen Raum für schwulen Sex, wo Sachen abgehen, die manchmal peinlich sind, manchmal auch gefährlich, immer aber unglaublich. Wer da aus Versehen reingerät, hat für den Rest seines Lebens genug vom Betatschtwerden.

Wenn Sie beim nächtlichen Streifzug bis halb fünf Uhr morgens noch niemanden aufgerissen haben, müssen Sie noch lange nicht verzweifeln. In der gruftigen „Sound Factory" geht es jetzt erst richtig los. Markenzeichen dieser stampfenden Diskothek ist die ohrenbetäubende House-Music und eine Meute, die einfach nicht heimgehen will.

Für viele wäre das ohnhin unmöglich: Vollgepumpt mit Drogen würden sie allein nie den Weg finden.

Michael Musto, 29, ist der Klatschkolumnist der Wochenzeitung „Village Voice" und nebenbei ein stadtbekannter Verkleidungskünstler.
Seinen Text hat Annette Meyer-Prien ins Deutsche übersetzt.

DAS NEUE BMW M3 COUPÉ.

Ob Sie das neue BMW M3 Coupé nun lieber in Dakargelb oder in Diamantschwarz wünschen, Farbe bekennen müssen Sie bei ihm in jedem Fall. Denn Sie entscheiden sich für das absolute Spitzenmodell der BMW 3er-Reihe.

Auf der einen Seite begeistert es durch seinen temperamentvollen Charakter. Sein Herzstück ist der völlig neu entwickelte Sechszylinder-4-Ventil-Saugmotor mit 3 Liter Hubraum. Er sorgt – mit 210 kW (286 PS) und 320 Nm bei 3600 U/min – neben spezifischen Weltbestwerten in seiner Klasse für ein Höchstmaß an Laufkultur und Wirtschaftlichkeit.

Auf der anderen Seite verbirgt der M3 seine sportlichen Talente hinter der unverwechselbaren, eleganten Linie des neuen BMW Coupés. Das Markante daran sind z. B. seine neuen 17-Zoll-Leichtmetallräder. Sein exklusives Interieur im M Design schafft Atmosphäre – durch die Hochwertigkeit der Materialien und

durch die hohe Funktionalität. Nicht zuletzt dank der speziellen Sportsitze und des komfortablen Durchladesystems im Fond. Ausgesprochen Beruhigendes bietet das M3 Coupé in puncto Sicherheit, unter anderem durch seine großdimensionierten innenbelüfteten Scheibenbremsen sowie durch Fahrer-Airbag und ABS – serienmäßig.

Mehr über die Identität des neuen BMW M3 Coupés erfahren Sie bei Ihrem BMW Händler. Btx: * BMW #

BMW

FREUDE AM FAHREN

Chinatown

DIE MACHT DER SCHATTEN

Manhattans Chinesenviertel wird von alten Bruderschaften beherrscht. Doch Nachwuchsgangster versuchen, mit Mord ins Geschäft um Erpressung und Heroin zu kommen

VON ERIC POOLEY · FOTOS: TOM NAGY

Ein Nachmittag im Juli 1992. Tausende drängen sich durch Chinatowns gewundene Gassen. Fahrräder klappern; lautes Stimmengewirr dringt durch die nach Fisch und Orientgewürzen riechende Luft; das seltsam singende Kantonesisch mischt sich mit dem monotonen Mandarin und dem harten Dialekt der Provinz Fujian. Kinder wieseln durch die Massen vor Banken und Juweliergeschäften. Männer decken sich bei Drogisten mit Aphrodisiaka ein. Frauen kaufen geröstete Enten, die in Trauben an den Fenstern der Schlachterläden hängen und aussehen, als seien sie lackiert.

In der Canal Street stehen die Straßenhändler dicht an dicht. Bis zu 2000 Dollar zahlen sie im Monat für ein kleines Stück Bürgersteig, auf dem sie Obst, Unterwäsche, Spielzeug und Souvenirs verkaufen. In grauen Kunststoffbassins liegen Streifenbarsche, Karpfen und die begehrten Gelbfische aus dem Ostchinesischen Meer, manche eben erst eingeflogen.

Plötzlich Schüsse. Vor einem Videoladen in der Centre Street bricht ein Mann zusammen. Während Passanten Deckung suchen und die Schützen flüchten, stirbt das Opfer an seinen schweren Kopfverletzungen.

Der Ermordete hieß Willys Yip. Er war 21 Jahre alt und Mitglied der „Flying Dragons", einer jener Killergangs, die für die Paten von Chinatown das Schmutzgeschäft erledigen. Nach einem Streit war Yip von der eigenen Bande zum Tode verurteilt worden. Noch vor Einbruch der Dunkelheit ist seine Leiche weggeschafft. Die Menschen drängen sich wieder vor Restaurants und Spielsalons, Fahrräder klappern, Stimmengewirr. Chinatown spielt „Madame Butterfly" und zeigt sein schönes Trugbild, als sei nichts gewesen.

Allein in den letzten Monaten sind in New York sechs chinesische Gangster auf offener Straße umgebracht worden. Im Jahr zuvor geriet eine Besucherin aus Maryland ins Kreuzfeuer rivalisierender Banden und starb. Ein deutscher Tourist wurde bei einer ähnlichen Schießerei in Hals und Hand getroffen.

Die Führer von Chinatown äußern sich regelmäßig entrüstet über die Gangster-

Das Viertel ist in Reviere der Gangs aufgeteilt. Die Mott Street beispielsweise gehört in den Einflußbereich der »On Leong Association«, einer der mächtigsten Bruderschaften Chinatowns. Ihr Anführer ist Wing Wah Chang, der es in seinem Gewerbe zu einem Rekord besonderer Art gebracht hat: Er wurde noch nie verhaftet

Mitten in Manhattan eine geschlossene Gesellschaft

duelle. Denn die Schießereien sind schlecht fürs Geschäft, und sie zeigen selbst Touristen, wie tief das vermeintlich so homogene Viertel gespalten ist.

Seit Jahren kämpfen chinesische Einwanderer aus Taiwan, Hongkong und anderen Regionen Asiens um die Vorherrschaft in den Straßen rund um die Canal Street. Newcomer versuchen, Chinatown nicht nur ökonomisch, sondern auch politisch unter ihre Kontrolle zu bringen. Und die alteingesessenen Banden verteidigen ihre Beute aus Heroinschmuggel, Glücksspiel und Schutzgelderpressung erbittert gegen die Neuankömmlinge, die sich an keine der überlieferten Regeln halten. Kurzum: Die größte chinesische Gemeinde der westlichen Welt befindet sich in einer Art Kriegszustand.

Mächtigster Mann im Viertel ist Benny Ong, der Kopf der »Hip Sing«-Bruderschaft. Der »Pate von Chinatown« hält nichts vom Rauschgifthandel, was seine Gang jedoch nicht hindert, im großen Stil Heroin zu importieren. Daneben kassieren Ongs Schlägertrupps von den Geschäftsleuten monatliche »Schutzgebühren« zwischen 30 und 600 Dollar

„Bei uns gibt es weder Recht noch Gesetz“, erklärt Paul Yee, Präsident der Chinese Consolidated Benevolent Association (CCBA), eines Dachverbands von Bürgerorganisationen. Die CCBA verwaltet den Bezirk, seit New Yorks Bürgermeister die politische Macht über diesen Teil der Stadt vor 100 Jahren an die Chinesen abtraten, weil sie es nicht wagten, sich in die Riten und Gebräuche der Neubürger einzumischen.

Damals entstand im Winkel zwischen Canal Street und Bowery eine Enklave aus einer anderen Welt: chaotisch, bunt, unübersichtlich; eine geschlossene Gesellschaft, eine Replik des Chinese way of life, mit Opiumhöhlen, Schneider- und Wäschereibetrieben, mit ausgebeuteten Tagelöhnern und Zehntausenden illega-

Seit 100 Jahren unter Kontrolle der Gangster

ler Einwanderer. Und mit weitverzweigten Gangstersyndikaten.

Die Kriminalität in Chinatown, sagt Paul Yee, widere ihn an: „All diese Gewalt auf offener Straße macht mir große Sorgen. Aber uns fehlen die Mittel, sie zu verhindern. Wir beschweren uns bei der Polizei, doch es ändert sich nichts."

Schöne Sätze – nur schwer zu glauben, daß Mr. Yee sie auch ehrlich meint. Denn eingesetzt in sein Amt wurde er 1990 von eben jenen Männern, die Chinatowns gefährlichste Banden kommandieren: von den Anführern der „Tongs". Die Chefs dieser schattenhaften Bruderschaften sind die wahren Herrscher des Viertels.

Die Tongs, halb Handelskammern und halb Verbrechersyndikate, kontrollieren seit über hundert Jahren die Wirtschaft von Chinatown, seine Politik und Unterwelt. Um 1870 hatten sich die ersten asiatischen Einwanderer in den Straßen und Gassen südlich der Canal Street angesiedelt. Sie waren während des kalifornischen Goldrauschs ins Land gekommen und später ostwärts gezogen. 1880 lebten etwa 700 Chinesen in New York. Ignoriert von der Stadtverwaltung, bauten die Chinesen eigene politische Strukturen und Verwaltungen auf, gestützt auf Familienbindungen, Dorfgemeinschaften, Zünfte – und auf die Tongs.

Diese „Säle", so die chinesische Bedeutung, waren zunächst gegründet worden, um sich vor Überfällen weißer Rassisten zu schützen: als Selbsthilfegruppen, die Neuankömmlingen bei der Suche nach Arbeit und Wohnungen helfen sollten und die an Stelle weißer Polizisten das Leben im Viertel überwachten. Heute gibt es in Chinatown ein halbes Dutzend Tongs. Längst nicht alle ihrer Mitglieder sind kriminell. Tausende von Kellnern, Schneidern und Ladenbesitzern gehören diesen Organisationen für einen Jahresbeitrag von 30 Dollar an. Kleine Angestellte schützen sich mit ihrer Mitgliedschaft vor allzu rücksichtslosen Chefs; Geschäftsleute zahlen, um sicherzugehen, daß sie von ihren Kunden nicht betrogen werden.

„Wenn ich ein Problem habe", erzählte ein Ladenbesitzer der Autorin Gwen Kinkead* bei ihren Recherchen zu einem Portrait des Viertels, „gehe ich zu mei-

* Gwen Kinkead: „Chinatown", HarperCollins, New York 1992, 212 Seiten, 23 Dollar.

nem Tong – etwa, wenn ich von einer neuen Jugendbande erpreßt werde. Der kümmert sich dann darum. Und daran will ich auch gar nichts ändern. Ich fühle mich von den Tongs überhaupt nicht versklavt. Nur vom Finanzamt."

Innerhalb der Bruderschaften läßt sich nur schwer zwischen Geschäftsmann und Gangsterboß unterscheiden. Peter Woo, ein bekannter Ladenbesitzer, war führendes Mitglied eines Tongs, Spendensammler für die Demokratische Partei und Kontaktmann der 14K-Triade, eines der führenden Gangstersyndikate Hongkongs. Als der 72jährige vor einigen Jahren zusammen mit 18 anderen Bandenmitgliedern verhaftet wurde, fanden Drogenfahnder bei ihm drei Millionen Dollar in bar und fast 400 Kilo Heroin.

Die beiden mächtigsten Tongs, „On Leong" („Friedlich und tugendhaft") und „Hip Sing" („Im Siege vereint"), kämpfen seit einem Jahrhundert um die Vorherrschaft im Viertel. On Leong etwa kontrolliert die Mott Street und residiert in einem pagodenähnlichen Hauptquartier an der Ecke von Canal und Mott Street. Seit 30 Jahren unterhält On Leong enge Beziehungen zu den „Ghost Shadows", jungen Nachwuchsgangstern, die im Revier auf Streife gehen, Spielhöllen schützen und Schutzgelder erpressen. Sie übernehmen Mordaufträge und schirmen den Heroinhandel gegen Störungen durch Polizei und Konkurrenz ab.

Nirgendwo sonst hat New Yorks Polizei größere Schwierigkeiten, Zeugen aufzutreiben. „In Chinatown sitzt die Angst tief", erfuhr Gwen Kinkead von einer Staatsanwältin. „1983 hat zum ersten Mal ein Zeuge in einem Mordprozeß ausgesagt – aber dazu mußten wir ihn verhaften und ins Gericht bringen."

Im Frühjahr 1990 wurde auf Long Island die Leiche einer Frau gefunden, die fünf Jahre zuvor bei einem Prozeß gegen die Gangs ausgesagt hatte. „Im Vergleich zu uns", meint ein junger Chinese, „ist die sizilianische Vendetta harmlos. Wir können 20 Jahre warten, bis wir es einem heimzahlen."

Hip Sing, der andere Tong, wird von einem Backsteingebäude in der Pell Street aus gesteuert. Anführer dieses Geheimbundes ist der 84jährige Benny Ong, ein stets korrekt auftretender, eleganter Mann (und überführter Mörder), der

auch im Führungsgremium der „Hung Meng" sitzt, einer der mächtigsten chinesischen Triaden. Ong schätzt eher altmodische Geldquellen wie Glücksspiel und Prostitution – was Mitglieder seines Tongs nicht davon abhält, Heroin in großen Mengen zu importieren. Ongs Laufburschen sind die Flying Dragons, die Willys Yip auf offener Straße niederschossen.

Jahrelang hatten sich die New Yorker Behörden kaum mit den asiatischen Banden beschäftigt. Fahnder und Staatsanwälte konzentrierten sich auf die Drogenringe der italienischen Mafia. Ungestört kamen chinesische Gangs ins Geschäft und haben inzwischen beim Heroin-Import einen Marktanteil von 50 Prozent.

Anders als die streng hierarchisch gegliederte Mafia halten die asiatischen Banden nur lose zusammen. Die Gangster arrangieren sich für ein Geschäft mit bestimmten Partnern und gehen anschließend neue Bündnisse ein. Das macht es für die Polizei ungleich schwerer, sie aufzubringen.

Junge Gangster-Trainees, für den Drogenhandel noch zu unerfahren, lungern auf den Straßen herum und beobachten das Revier ihres Tongs. Neue Mitglieder werden schon auf der High School von einem „Tai Lo", einem älteren Bruder, angeworben, der ihnen das Handwerk beibringt und sie an beinharte Disziplin gewöhnt. Die Novizen legen sich Decknamen wie „Fischauge" oder „Pferdegeschwür" zu und werden zunächst vorzugsweise bei der Schutzgelderpressung eingesetzt. In Rudeln wandern sie von

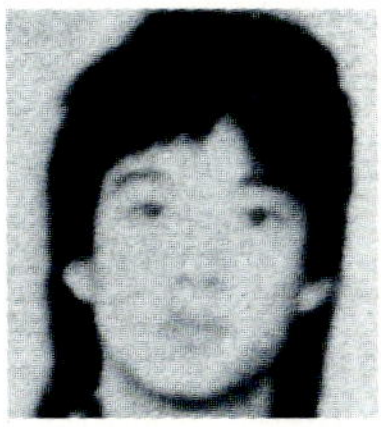

Die großen Bruderschaften vergeben ihre Laufburschenjobs an Jugendbanden wie etwa die »Ghost Shadows«, die im Dienste der On Leong Association steht. Chef dieser Azubis in Sachen Erpressung ist Wing Lok Chan, zu dessen Revier auch der buddhistische Tempel in der Mott Street gehört – eine von Chinatowns vielen touristischen Attraktionen

Nur im Tempel etwas Ruhe vor dem Syndikat

Laden zu Laden und treiben die Monatszahlungen ein. Überall in Chinatown kleben hinter Ladentresen und Restaurantheken Schilder, auf denen dem Eigentümer für seinen Beitrag zu einer „Wohlfahrtsorganisation“ gedankt wird – nichts anderes als eine Quittung der Gangster für das Schutzgeld. Rund 80 Prozent der Restaurantbesitzer und zwei Drittel aller Geschäftsleute im Viertel zahlen und schweigen.

Nacht in Chinatown. Vor dem Teeladen an der Pell Street Nummer 11 hängen Jugendliche in schwarzen Jeans und schwarzer Lederjacke herum. Es sind Flying Dragons. Ein paar Ecken weiter stehen drei junge Männer vor dem Eingang eines überfüllten und verräucherten Spielsalons für Poker und Mah-Jongg. Neben der Tür hängt ein Schild mit den handgeschriebenen Schriftzeichen „hoi k'ei“: Nicht stören, hier wird gespielt.

Alle paar Minuten kommen neue Kunden in der Hoffnung, ihren Wochenlohn an den Tischen aufzubessern. Keiner der Besucher blickt die jungen Türsteher an. Über dem Eingang verfolgt ein Gangster per Videokamera das Geschehen. Als sich zwei der Rausschmeißer ins Hintere des Lokals verziehen, wird der dritte etwas zutraulich, obwohl „Fan kuai Lo“, weiße Barbaren, keinen Zutritt zu Chinatowns Spielplätzen haben. Eigentlich ist es auch verboten, mit den Fremden zu sprechen. Doch der Junge, 17 Jahre alt, ist stolz auf seinen Job. Er will ein wenig prahlen.

Seit drei Jahren gehöre er den „Tung On Boys“ an, dem mobilen Einsatzkom-

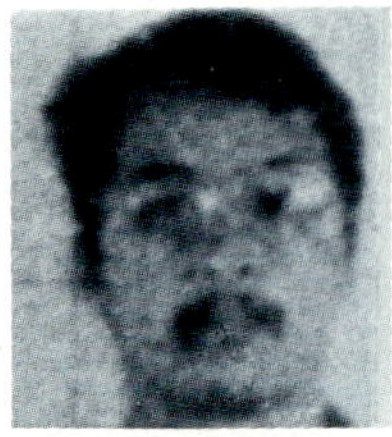

Viele Gangster Chinatowns arbeiten unter einem Kampfnamen. Johnny Eng, Chef der »Flying Dragons«, wird von seinen kriminellen Kommilitonen beispielsweise »Zwiebelkopf« genannt. Seine Gang gehört zu den jüngsten im Viertel: Viele der Erpresser, Zuhälter und Mörder unter Engs Kommando sind noch keine 20 Jahre alt

Fast alle Geschäftsleute zahlen und schweigen

mando des drittgrößten Tong in Chinatown; er habe als Laufbursche angefangen und nebenbei Schießen und Schlagen gelernt. „Danach“, sagt er, „wurde ich auf der Straße eingesetzt.“ Er habe Schmiere gestanden, während die Älteren Passanten zusammenschlugen und ausraubten. „Kurz darauf war ich selbst mit dabei. Jetzt kann ich mir Autos und Frauen leisten, während andere in meinem Alter in irgendeinem Nudelrestaurant schuften oder sich in der Schule langweilen.“

Er wendet sich ab. „So wie es jetzt ist“, sagt er, „ist es schon immer gewesen.“

Doch gerade das bestreiten Kenner des Viertels. „Chinatown hat sich seit 1988 stärker verändert als in den zwei Jahrzehnten zuvor“, sagt Alex Peng, Reporter bei einer der vier chinesischen Tageszeitungen. Ein neuer Einwanderungsschub schwemmt seit einigen Jahren monatlich weit über 1000 Immigranten ins Viertel. Neben Tagelöhnern aus Vietnam und Malaysia kommen auch reiche Geschäftsleute aus Hongkong, die ihr Geld in Sicherheit bringen wollen, bevor die Kronkolonie 1997 an China zurückgegeben wird.

Rund eine Milliarde Dollar sollen sie bereits in Chinatown investiert haben: frisches Kapital, das die Mieten und die Grundstückspreise in die Höhe treibt und dem Bezirk ein wenig den Glanz neuen Reichtums verleiht. Der Andrang der Neubürger ist so stark, daß die Enklave ihre gewachsenen Grenzen längst gesprengt hat und sich immer weiter nach Norden, Osten und Süden ausbreitet. Auch in Queens und Brooklyn haben sich inzwischen Chinatowns gebildet.

Viele Einwanderer sind von Schlepperorganisationen heimlich ins Land geschleust worden. Sie verstecken sich vor der Polizei, verlassen nie ihr Viertel und arbeiten für Hungerlöhne 60 bis 80 Stunden pro Woche in Restaurants und Textilgeschäften. Sie sprechen kein Wort Englisch und wohnen in düsteren Massenquartieren: ein Leben mitten in New York – und doch außerhalb Amerikas.

„In Chinatown“, schreibt Gwen Kinkead, „herrscht eine rücksichtslose Sozialordnung. Aber das Viertel ist vom Rest unserer Gesellschaft so sehr isoliert, daß die meisten Bewohner diese Verhältnisse als normal akzeptieren.“ Die Einwanderer sparen, bis sie sich einen klei-

nen Laden leisten können und in die Vorstädte ziehen, in der ihre Kinder es als „ABCs“, als „American-born Chinese“, schaffen könnten, integriert zu werden im Land der Stars and Stripes.

Auch die Unterwelt von Chinatown hat sich durch die Immigranten verändert. Viele jüngere Gangster stehen nicht mehr unter der Kontrolle der Tongs, und ihre Mordlust läßt die Alteingesessenen fast harmlos erscheinen. Im Juli 1990 brachte ein Trauerzug das Leben Chinatowns zum Stillstand. Rund hundert Männer marschierten in dunklen Anzügen und mit Sonnenbrillen durchs Viertel. Sie hielten Fahnen mit den Worten „Auf ewig BTK“ hoch. Die Abkürzung steht für „Born to Kill“, ein Spruch, den sich US-Soldaten in Vietnam auf ihre Stahlhelme kritzelten.

Bis vor einem Jahr war David Thai Chef der aus Vietnam stammenden Chinesen von »Born to Kill«, die sich ins Geschäft der anderen zu drängen versuchte. Es gab Tote, Thai wurde zu 40 Jahren Gefängnis verurteilt. Chinatown aber wächst weiter. Jeden Monat kommen über 1000 Neubürger ins Viertel zwischen Grand und Mulberry Street – die meisten illegal

Die Gangster trugen einen Anführer zu Grabe, ermordet von den konkurrierenden Ghost Shadows. Der Trauerzug versammelte sich auf einem Friedhof in New Jersey. Als der Sarg in die Erde gesenkt wurde, näherten sich drei Männer mit Blumensträußen in den Armen – wahrscheinlich Ghost Shadows –, zogen daraus plötzlich Maschinenpistolen und Schrotflinten hervor und deckten die Trauergemeinde mit einem Kugelhagel ein. Sieben Menschen fielen getroffen zu Boden, die übrigen suchten hinter Grabsteinen Schutz oder sprangen in die offene Grube.

Die Pistoleros von Born to Kill stammen allesamt aus Vietnam. Es sind Boat people, des Englischen kaum mächtig, ohne Verbindungen zu den assimilierten Chinesen. Anfangs wurden sie von etablierten Banden für Mordaufträge angeheuert. Dabei taten sich die BTKler durch besondere Brutalität hervor – etwa, als sie eine Bombe in einen vorbeifahrenden Polizeiwagen warfen. Tagsüber saßen die 15 bis 25 Jahre alten Killer in Einkaufszentren, Teestuben oder Bars herum oder versammelten sich im Hauptquartier der Organisation, einem Massagesalon an der Canal Street. Nachts schwärmten sie aus, um Passanten zu überfallen, die sorglos genug waren, sich allein in Chinatown zu bewegen.

Nach der Schießerei auf dem Friedhof beschlossen die Tongs, die lästige Konkurrenz loszuwerden und erstmals der Polizei zu helfen. Im Sommer 1991 wurden die Anführer von BTK verhaftet und zu je 40 Jahren Gefängnis verurteilt.

Ihr Revier um die Canal Street wurde rasch von anderen Banden wie „Golden Star“ oder „Korean Power“ übernommen. Die gefährlichste neue Gang aber sind die „Big Circle Boys“, eine Bande aus Hongkong, deren Mitgliedschaft sich bis auf ehemalige Kämpfer der chinesischen Kulturrevolution erstreckt.

Chinatown mag sich verändern, doch es bleibt eine fremde Welt, die mit dem Rest der Stadt nichts gemein hat und weiterhin auf das setzt, was sie einst reich gemacht hat: Tourismus und Verbrechen. □

Viele arbeiten für einen Hungerlohn

Eric Pooley, 32, Autor des Stadtmagazins „New York“, ist auf Politik- und Unterweltthemen spezialisiert.
Tom Nagy, 26, ist Fotograf in Hamburg.

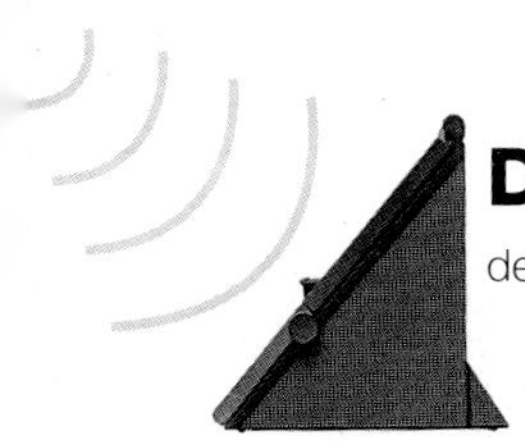

Die Funkuhr von Braun für die absolute Zeit. Ständig gesendet von der Cäsiumuhr in Braunschweig, der präzisesten Uhr der Welt (Abweichung: 1 Sekunde in 1 Million Jahren!). Empfangen von einer Uhr in zeitlosem Design. Für Sie geht alles ganz einfach: Sobald Sie die Batterien einlegen, stellen sich Zeit und Datum automatisch ein. Und um: auf Sommer- oder Winterzeit oder Schaltjahre. Das 24-Stunden-Wecksystem und die variable Nachweckzeit programmieren Sie ganz leicht mit der klaren Tastatur. Sie können die absolute Zeit kaufen: im guten Fachhandel und in den Uhrenabteilungen der Warenhäuser. Die neue Form der Zeitrechnung: **Braun time control.**

BRAUN

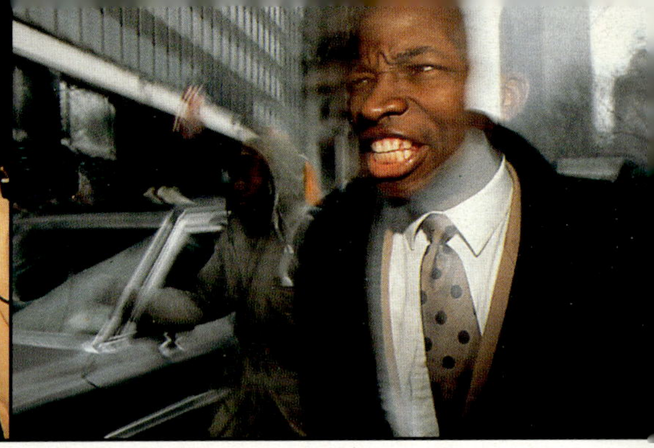

VON GARRISON KEILLOR

DER TÄGLICHE ÄRGER IST LÄNGST EINE EIGENE KUNSTFORM

Wehleidig ist einer wie ich ja nicht: Ich komme aus Minnesota. Wenn also in New York irgend etwas nicht gleich richtig funktioniert, finde ich mich schon irgendwie zurecht. Nehmen wir zum Beispiel die blechernen Lautsprecher in den Subway-Stationen, aus denen sich die Ansagen anhören, als würde jemand durch Wellblech fräsen.

Da steht man in trostloser Klammheit, Wasser tropft, Ratten trippeln über die Gleise, und man lauscht auf das feine Quietschen eines entfernten Zuges. 15 Minuten vergehen, in denen nicht das geringste passiert, und dann schaltet ein Bahnangestellter den Lautsprecher an und sagt etwas, das man nicht versteht – also, das kann einem die Treue zum öffentlichen Nahverkehr schon ein wenig nehmen.

Es wäre ja auch wirklich ganz schön, wenn man wüßte, ob er nun eine Fahrpreissenkung ankündigt oder nur mitteilt, daß der Zug für drei Wochen ausfällt, weil in Greenwich Village eine Hauptwasserleitung geborsten ist (was mich nicht überraschen würde, denn da wird Wasser durch ausgehöhlte Baumstämme gepumpt, die noch aus der Zeit der Holländer stammen).

Aber selbst das kann mich nicht erschüttern. Einer aus Minnesota hat immer ein gutes Buch dabei und nutzt die Zeit, sich fortzubilden. Die U-Bahn war mein College, und manche Autoren, die ich daheim nie verstand, Beckett etwa oder Kafka, haben erst auf der C-Linie so richtig Fahrt gekriegt.

Nein, das bißchen Lärm und Schmutz und Elend und Arroganz können mir die Liebe zu New York nicht nehmen. Für den Fall einer ernsten Erkrankung trage ich eine Hundemarke um den Hals, an der ein Flugticket zurück nach Minneapolis hängt, sonst aber gefällt es mir hier.

Anders als New Yorker, die in Minneapolis leben, rede ich nie schlecht über meinen Wohnort. Nein, Leute aus dem Mittleren Westen sind sanft und humorvoll, und deshalb leben einige von uns in New York: weil die Stadt uns braucht, damit wir sie gutfinden. Für uns sind Probleme nur verkleidete Chancen.

Der schlechte Fernsehempfang zum Beispiel: Vielleicht ist das der Grund, weshalb New Yorker so gut Geschichten erzählen können. Oder die Staus: Sie machen dich zum ausdauernden Marschierer. Oder die Straßenkriminalität: Durch sie wirst du häuslich.

Nur leider machen die Wärme und Großzügigkeit, die einen aus Minnesota auszeichnen, das Leben in New York schwer. Meine Familie und ich zum Beispiel leben einfach und bescheiden, weil man nichts bekommt, ohne ein großes Geschrei zu veranstalten, und so etwas liegt uns nun einmal nicht.

Jedesmal, wenn ein Verkäufer mir etwas für nächsten Mittwoch

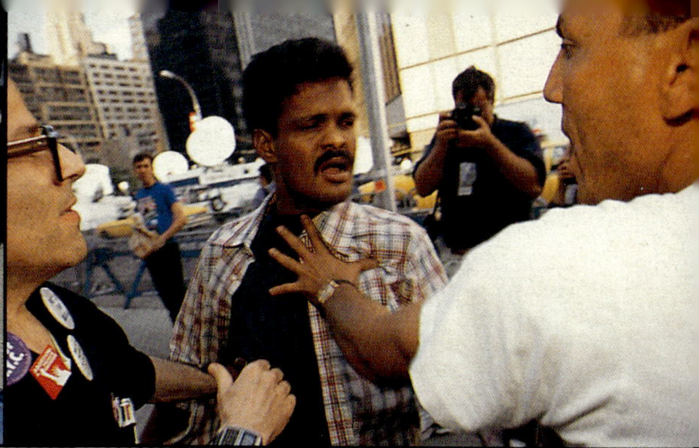

zusagt, lügt er. Das Zeug, das ich heute bei ihm bestelle, lagert todsicher noch in Yokohama. Wenn ich also Donnerstag anrufe und nach der Ware frage, vertröstet er mich auf Montag und am Dienstag auf Freitag und am Samstag auf Mittwoch. Die Ware kommt dann im Juni.

Gebürtige New Yorker wissen das längst. Manchmal ist es möglich, die Ware sogar schon Anfang Mai zu bekommen, jedoch nur, wenn man ordentlich herumbrüllt.

Allerdings genügt es nicht, am Telefon zu schreien. Sie können in jedes beliebige Büro in New York gehen und werden dort sechs Telefonhörer sehen, die alle auf dem Tisch liegen, und aus jedem Hörer kommt Heulen und Zähneknirschen und Toben und Rasen. Wenn der Lärm aufhört, nimmt jemand den Hörer und sagt: „Mittwoch?"

Nein, man muß als Kunde schon selber in die Büros gehen und dort kreischen und schäumen, man muß sich die Kleider zerreißen und auf die Knie fallen und sich in den Teppich verbeißen. Das wird zwar niemanden groß aufregen, aber immerhin werden sie auf einen runterschauen und lächelnd sagen: „Gut, morgen" – und morgen heißt dann wenigstens Anfang Mai und nicht Juni.

Um Ihre Wohnung zu renovieren, müssen Sie aber noch deutlich mehr draufhaben als nur Geschrei. Wenn Sie sich an einen Bauunternehmer wenden, macht der Ihnen einen Kostenvoranschlag von 75000 Dollar und sagt zwei Monate Arbeit voraus, egal wie aufwendig der Job tatsächlich ist. Viele Monate später gehen Sie zum Anwalt und drohen mit einer Millionenklage, und ein Jahr danach ist tatsächlich alles fertig, aber erst, nachdem Sie eine Viertelmillion gelöhnt haben.

Die Wohnung freilich ist ein einziges Chaos, nichts funktioniert, und Ihr Anwalt schreit den Bauunternehmer zusammen, bis ihm Speichel vom Kinn tropft und er für Sie einen Nachlaß von 75000 Dollar herausholt (die Höhe des ursprünglichen Voranschlags): So und nicht anders geht es zu bei Wohnungsrenovierungen in New York.

Dieses System ist für einen fröhlichen, positiv denkenden Mann aus dem Mittleren Westen kein Honigschlecken. Gegenwärtig fahre ich (seit ich eine Viertelmillion Schulden gemacht habe, um den Fußboden im Badezimmer ausbessern zu lassen) jeden Tag nach East Hampton, wo Chip lebt, der Mann, der die Renovierung übernommen hat. Als Tagelöhner zahle ich langsam meine Schulden bei ihm ab, indem ich Beton für die großen Gästehäuser schleppe, die er um sein Anwesen baut.

Wegen der vierstündigen An- und Abfahrt verlasse ich meine Wohnung morgens um vier und komme abends gegen elf nach Hause, und ich bin mir nicht sicher, ob ich noch verheiratet bin. Vielleicht begreifen Sie jetzt, daß eine verspätete U-Bahn für mich zu einem ernsten Problem werden kann.

Aber es könnte schlimmer sein. Vielleicht wird es bald schlimmer, vielleicht schlage ich schon am nächsten Mittwoch auf der 44th Street lang hin, liege im Dreck, und der Passant, der sich hinabbeugt, um meine Hundemarke zu lesen (auf der steht: „Ich bin Mitglied der amerikanischen Lutheraner. Bringt mich ins Swedish Hospital in Minneapolis-Süd. Ich kann dafür bezahlen."), versteht kein Englisch, und ich werde ins Bellevue Medical Center gebracht und liege in einer riesigen, zugigen Station zwischen lauter Verwundeten aus der Schlacht von Gettysburg – vielleicht werde ich mir dann wünschen, ich wäre daheim geblieben.

Aber fürs erste bin ich froh, daß ich hier bin. New York ist die beste Stadt der Welt. Und das kann nur einer sagen, der aus dem Mittleren Westen kommt. □

Garrison Keillor, 50, ist einer der populärsten Humoristen in den Vereinigten Staaten. Der Mann aus Minnesota macht in New York Furore mit einer eigenen Radio-Show. Seinen Text hat Willi Winkler ins Deutsche übertragen.

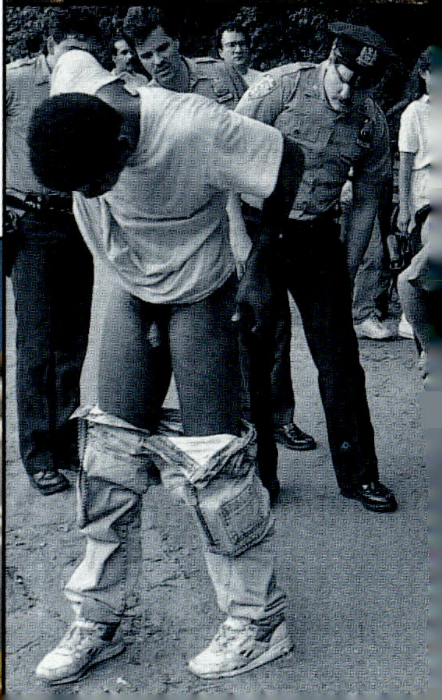

Jagdszenen um Mitternacht

Andreas Altmann hat bei seinen Recherchen für GEO in Afrika und Lateinamerika schon etliche Gefahren überstanden. Jetzt wagte er sich an seinen heikelsten Auftrag: einige Nächte im Central Park zu verbringen

FOTOS: ALEX WEBB

Nacht in Manhattan. Es war kurz nach ein Uhr, und ich starrte hinunter. Unten lag Joe. Wir beide teilten uns eine Zeitlang die gleiche Adresse: 860 Fifth Avenue. Eine feine Gegend. Joe schlief auf einer Holzbank. Vor ihm die teure Straße, hinter ihm der dunkle Central Park. Ich schlief im Bett meiner reichen Freundin. Kaum hörte ich den gleichmäßigen Atem von Debra, schlich ich hinaus auf den Balkon. Und immer lag Joe da, keine 30 Meter entfernt. Der Alte beruhigte mich. Die Zuverlässigkeit, mit der er vor dem Haus Quartier bezog, war anrührend. Sein Kopf steckte in einer Pappschachtel. Irgendwann holte ich aus dem Kühlschrank einen Sixpack Budweiser und fuhr hinunter. Ich weckte Joe und fragte ihn aus. Er war der erste, der mir schmutzige Geschichten vom Central Park erzählte.

Sechs Jahre später kehre ich nach New York zurück. Die feuchte Hitze und die Holzbank sind geblieben. Wieder ist es ein Uhr nachts, und diesmal liege ich selbst auf der Bank. Joe und Debra sind verschwunden, unbekannt verzogen. Eine Viertelstunde lang bin ich sorglos und schlafe ein.

Joe war mutiger. Neun Stunden pro Nacht verbrachte er hier unbekümmert und bewußtlos. Dann stieg er über die Mauer in den Park, um seinen Lebensunterhalt zu finanzieren. Schnorren, jammern, Abfallkörbe durchstöbern. Abends war er voll und pleite. Selig legte er sich nieder. Sein Mut hatte Gründe. Wer ihn beklauen wollte, mußte ihm schon das Leben nehmen. Alles andere an ihm roch und war wertlos.

Ich bin nicht Joe, sehe nicht aus wie jemand, der sich seit 19 Jahren vom Müll der anderen ernährt. Vielleicht deshalb meine Angst. Vor jeder der sieben Nächte, die ich im 340 Hektar großen Central Park verbringe, überkommen mich die gewaltsamsten Bilder. Der zertrümmerte Körper, ein blutspritzender Schädel, mein messergespickter Rücken. Leicht irrational, da der zuständige Polizeibericht das grüne Viereck als relativ harmlos ausweist. Das soll heißen, daß ein paar Meter daneben, ein paar Ecken weiter viel zielgenauer zugestochen und abgeschossen wird. Trotzdem, die Angst, sie sitzt.

Schon in der ersten Nacht ist sie zu spüren. Ich stehe am Loeb Boathouse. Tagsüber ein sonnenüberstrahltes Terrassencafé mit See. Am Nachmittag war hier noch Master Tom Young tätig. Der Meister verabreichte eine Chi-Gong-Massage. Schöne Frauennacken und bronzefarbene Männerschultern drängelten nach Entspannung. Jetzt drängelt niemand, nichts strahlt. Ich bin allein unterm neumondfinsteren Himmel, absolute Stille. Nur einmal das Luftschnappen eines Fischs. In einer von atemloser Frenetik getriebenen Stadt ist das ein erhabener Augenblick.

Bis es knackst. Meine Augen schnellen herum und ahnen ihn kommen. Ein schwarzer Schatten. Will einer den perfekten Mord erledigen, dies ist der rechte Ort, die rechte Zeit. Ich greife nach meiner Trillerpfeife, schwerer bin ich nicht bewaffnet. Aber ich pfeife nicht.

Zu absurd erscheint mir plötzlich ein solcher Laut. Zu gefährlich auch. Vielleicht panikt der Typ, schlägt härter zu als geplant. Ich höre mein Herz dröhnen. Kein Fehler fällt mir ein. Außer Hemd, Hose, Schuhe und den griffbereiten 20 Dollar als Pfand bei einem Überfall trage ich nichts am Leib. Drei Meter von mir entfernt greift er nach hinten, zieht ein 30 Zentimeter langes Ding hervor, wirbelt es grausam lässig durch die Luft, schnappt es und setzt an... zum Flötenspielen.

In diesen Sekunden habe ich etwas gelernt. Über die Furcht, die Paranoia und die wunderbaren Überraschungen, die hier lauern. Wäre mir die Szene an einem anderen Ort widerfahren, viel weniger Adrenalin wäre verschüttet worden. Was die Dramatik so enorm steigerte, war mein Wissen um den Central Park. Und der hat „romance", der hat Mythos und Geheimnis. Er verführt. Und macht angst. Er ist wie Timbuktu, wie das Kap der Guten Hoffnung, wie Marilyn Monroe. Er kann nie wieder normal, nie wieder nur Wiese und Baum und Strauch sein. Zuviel ist dort, tatsächlich, geschehen; und zuviel wurde ihm – schamlos – nachgeredet.

Schon aller Anfang, 1858, klingt märchenhaft. Bis Mitternacht des letzten Abgabetages arbeiten die beiden Landschaftsarchitekten Olmsted und Vaux an ihrem Entwurf. Nur Kerzen flackern, und der Mond scheint. Dann hetzen sie

„Du denkst immer an die Bedrohung und suchst immer nach einem Fluchtweg"

die Pferde zum Rathaus. Versperrt. Wilde Suche nach dem Hausmeister. Mit Engelszungen auf ihn einreden, aufschließen, die Pläne abgeben. Letzter sein und doch gewinnen. So werden Helden geboren.

Lange war der Park nachts geschlossen, „denn bei Abenddämmerung", so die Stadtväter, „wird er nutzlos für jeden guten Zweck". Das war ein vorlauter Satz. Morgens um drei ziehe ich über den Great Lawn, den großen Rasen, und mittendrin knien zwei Menschen. Was sie miteinander verbindet, ist ein unüberhörbar heftiger, sinnlicher Genuß.

In den Strawberry Fields, die an den ganz in der Nähe ermordeten John Lennon erinnern, höre ich es seltsam rascheln. Es ist Tim, der „treasure hunter", der Schatzsucher. „Astrologisch gesehen", klärt er mich auf, „liegt die erfolgversprechendste Zeit nachts zwischen viertel vor zwei und fünf vor drei." Tim, nebenberuflich Programmierer, läßt eine Metallsonde, ähnlich einem Staubsauger, über den Boden gleiten. Ein leises, schnarrendes Geräusch zeigt einen Fund an. Der Schatzsucher bohrt mit der Harke ein Loch in die Erde. Dienstagnacht bin ich dabei. Wir heben: elf Kronkorken, einen Schlüssel, zwei rostige Nagelfeilen.

‚Hinter Büschen und Brücken der Welt größter Freilichtpuff'

Unterm Laternenpfahl, zwischen Sheep Meadow und West Drive, steht David. Der Wind fährt in die Blätter seiner 41 Thora-Rollen. Der Alte ist fahl und emsig. „Ich habe wichtige Geschäfte zu erledigen", sagt er. „Ich bete für meine Familie." Dann ruft sein schweres Herz nach Gott, deklamiert er wie ein Schauspieler Texte aus dem Ersten Buch Mose, läßt ab, kriecht fieberhaft über seinen Bücherberg, sucht nach etwas, was er scheinbar nicht findet. „Der rechte Satz, der rechte Satz", murmelt er zerstreut. Ich sehe ihn jede Nacht. Rufend, kriechend, verzehrt von der Suche nach dem erlösenden Wort, dem erlösenden Satz.

Der Central Park als Liebeslaube, als Schatzkammer, als Synagoge. Lauter gute Zwecke. Wie gut, daß er nicht verschließbar ist. Auch wahr: Die meisten, denen ich zwischen 21 Uhr abends und sechs Uhr früh begegne, haben etwas zu verbergen. Manchmal eine Schandtat, oft: eine Sucht, einen Tick, eine Armut, ein Unglück, eine verbotene Lust. Andere Menschen, nicht getrieben von einem starken, drängenden Motiv, habe ich nicht gesehen – doch: einmal, eine athletische Großmutter. Unser Ge-

spräch lief über eine Distanz von zehn Metern. Mir lag an diesem Sicherheitsabstand. Die Alte hatte drei Dobermänner an der Leine.

Der riskanteste Abschnitt liegt zwischen 74th und 79th Street: The Ramble, „der Streifzug". Verschlungene Wege, hügelig, buschig, undurchdringlich, undurchschaubar. In Reiseführern steht, daß man hier prima Vögel beobachten könne. Da lacht der New Yorker. Vogelfreunde kommen hier nicht vorbei. Nicht mehr. Hier liegt der Welt größter Freilichtpuff. Für Männerfreunde. Durchgehend geöffnet, ohne Ruhetag.

Jeder kennt die Regeln. Eine wundersame Atmosphäre. Die Schatten der Kunden und der Boys. Flüsterworte, das hitzige Seufzen hinter Bäumen, das Knarren der Bänke. Der schnelle Abschied. Ich bin neu und willkommen. Frischfleisch. Angebote warten, inklusive Probeanfassen.

Leo: „Meiner ist 25 Zentimeter lang. Reit mal drauf."

Terence: „Meiner ist 26 Zentimeter. Je mehr Zentimeter, desto mehr Spaß."

Einmal muß ich mir keine Ausrede einfallen lassen, einmal kommt die Polizei, leuchtet mit Suchscheinwerfern ins umtriebige Gebüsch. Über Lautsprecher werden wir aufgefordert, zu verschwinden: „Es ist ein Uhr. Verlassen Sie die Gegend." New York City hat ein „Ein-Uhr-Ausgangssperrgesetz für Parks". Grundsätzlich außer Kraft, kann aber kurzfristig reaktiviert werden. Hier im Ramble soll es vor allem die falschen Homosexuellen vertreiben: bösartige Schlitzohren, die der liebeshungrigen Kundschaft eine schnelle Nummer versprechen, nichts halten, dafür aber reinhauen und ausrauben.

Unergründliches Menschenherz. Nachts im Central Park stimmt dieser Satz noch mehr als anderswo. Zum Beispiel Black Jack, der morgens um vier die Hose herunterläßt, um im nächsten Brunnen sein erstes Frühstücksbad zu nehmen und sein zuletzt geschaffenes Gedicht zu rezitieren: „Es gibt Tarzan und Gott und mich. Basta."

Oder José, der seine Matratze über die Wiesen schleppt, hoffnungslos überfordert, sich für einen, seinen Schlafplatz zu entscheiden. Stehen doch Millionen zur Verfügung.

Oder Mick, der Jogger, der schweißgebadet ums Trinkwasser-Reservoir im Park hetzt, blind für die Schönheit des Lichtermeers im unbeweglichen Wasser. Nur wenn ich laufe, will er mit mir sprechen. Es ist zwei Uhr siebenunddreißig, und wir führen einen Dialog wie aus der Wall Street.

„Warum rennst du?"

„Um auf der richtigen Seite zu sein."

„Was ist die richtige Seite?"

„Die der Gewinner."

Oder Tango, der mit Radfahrerhelm, Skistöcken, Rollschuhen und fluoreszierenden Aufklebern auf dem Körper von Baum zu Baum wedelt, schwungvoll mit einem Stemmbogen abbremst und immer genau fünf Minuten stillsteht, mit den hoch in die Luft gestreckten Stöcken. Er habe mich längst kommen sehen, behauptet er sanftmütig. Und meine Frage könne ich mir sparen. „Ich", sagt Tango, „reise von Baum zu Baum und halte eine Mahnwache. Damit sie bleiben, damit sie nicht sterben."

‚Überall Einzelgänger, die keinen Mitmenschen mehr ertragen'

In der Stille der Nacht, durch die ich manchmal zwei Stunden wandere, ohne jemandem zu begegnen, finde ich irgendwann alles. Auch Drogen. Auch die Schatten, die vor den Eingängen an der Westside lungern, um die hastige Laufkundschaft mit Ware zu versorgen. Auch Jeffrey, der hinter einer Platane an seiner Crackpfeife zieht und anschließend – „bin ich high, bin ich geil" – ins mitgebrachte Pornoheft kleckert. Auch Drake, der auf allen vieren über einen Trampelpfad kriecht, blöd vom vielen Rauchen, besessen von der Idee, „daß hier ein ganzes Bündel Dollarscheine herumliegt". Auch Ben, der uralte 47jährige, der mir ein Bild aus seiner Hölle zeigt, als er im matten Schein einer Laterne nach der passenden Stelle sucht. Passend für seine schon krumme Nadel. Aber sie nicht findet. Er spritzt sich in den Ellenbogen, außen, nicht in die Beuge. Aber selbst dieser Körperteil ist schon so wund und mißbraucht, daß nach dem ersten Fehlversuch sofort Blut fließt. Ich ziehe mein Feuerzeug, leuchte auf die rotschimmernde Beule.

Fünfmal stochert er daneben, dann findet er eine offene Vene, behutsam drückt er das Kokain hinein. Sein schweißüberströmtes Gesicht entspannt, er sagt leise: „Jetzt fliege ich, jetzt fliege ich über die Bäume."

Alle haben Platz im Central Park. Die Einsamsten, die Unglücklichsten, die Besessensten, die Originellsten. Als ich Deborah sehe, fällt mir ein Satz von Norman Mailer ein: „Wer nach New York kommt, sieht zuerst nur eines: Frauen, Frauen, Frauen. Und was für Frauen." Wie verdammt richtig. Nur nicht nachts im Park. Dieses ist eine Männerwelt. Gefährlich genug, zu gefährlich für sie.

Was Deborah hier dennoch auftreten läßt, ist ihr fröhlich verwirrter Verstand und der unbedingte Wunsch, etwas „Sightseeing" zu machen. Die Junk Lady fährt im Einkaufswagen ihr Hab und Gut spazieren. Ich darf wühlen und entdecke ein schmuddeliges Buch, „Die Reisen des Odysseus". Ungelesen, Deborah ging nie zur Schule. Ich erzähle ihr die Geschichte vom tapferen Griechen, seinen Kämpfen und Tricks, seiner unbeirrbaren Sehnsucht nach Penelope. Ergriffen sagt sie, als beide endlich im Bett liegen: „Wie wunderbar, eine scharfe Geschichte", really bad, echt gut.

Das Bewußtsein der Bedrohung bleibt all die Nächte lang. Das Grundgefühl hoher Konzentration weicht nie. Auch nicht die bald unbewußte, ununterbrochene Suche nach möglichen Fluchtwegen. Ich erlebe, daß die Statistik über die niedrige Kriminalitätsrate im Park so nicht stimmen kann. Weil gerade New Yorker, auf so alltägliche Weise an Missetaten und Gewaltakte gewöhnt, vieles nicht mehr melden. Deprimiert von der bescheidenen Aufklärungsquote einer knapp 30 000 Mann starken Polizeiarmada.

Ich laufe Kleintätern, Mördern und kriminellen Amateuren über den Weg. Einen sehe ich die Blumen vor den Nobelhäusern aus der Erde rupfen und im Laufschritt zurück über die Fifth Avenue in den Park transportieren. Hinterm nächsten Busch wartet die Freundin, um hurtig einzutopfen. Als er mich kommen sieht, stülpt er lässig sein rechtes Hosenbein hoch, ein Haifischmesser steckt darunter: „Suchst du Ärger? Kannst du haben."

Andere reagieren grundsätzlich nervös: „Loners", Männer, die niemanden mehr ertragen. Nicht auf 20 Schritt Entfernung. Einer nimmt Anlauf und holt mit seiner Plastiktüte voll leerer Bierdosen nach mir aus, schreit giftig: „Hau ab, komm mir nicht zu nahe." Der nächste läßt sein Rasiermesser aufschnappen. „Wozu?" frage ich genervt. „Um dir den Arsch abzuwischen", kommt es genervt zurück.

Eine Nacht, Sonntagnacht, hat fast alles. Die Aufregung, die Attacke, das Glück, jede Menge Blut, eine abstruse Entdeckung. Ich bin im nördlichen Teil des Parks, noch dunkler, noch berüchtigter als der Süden, Höhe 102nd Street. Wieder diese finstere, eisige Stille. Ich gehe zu einem Abfallkorb, krame nach der Wochenendausgabe der „New York Times". Lesen beruhigt mich, schon immer. Diesmal nicht.

Der erste Blick fällt auf die Großanzeige eines neuen Horrorfilms, „Whispers in the Dark". Sofort höre ich es flüstern. Drei Schüsse peitschen, vielleicht 150 Meter entfernt. Ich gehe weiter, suche nach der Stelle, wo 1989 eine Joggerin von einer Jugendbande fast zu Tode geprügelt und vergewaltigt worden ist.

Ich finde den Schauplatz und zucke herum. Stimmen aus einem Funkgerät, dann das Geräusch eines Motorrollers. Etwas weiter stoße ich auf eine kleine Holzhütte, verlassen. Ein Posten der Polizei, nach der Untat hier aufgestellt.

‘Irgendwo am Rande des Parks drei Schüsse, danach Sirenengeheul’

Oben auf dem Great Hill, zehn Minuten später, bin ich fällig. Fast. Wir kreuzen uns. Zwei Burschen und ich. Die beiden sind als Raubritter unterwegs, nicht zu übersehen. Zu hungrig ihre Augen, zu unverschämt das Grinsen. Als sie sich umdrehen und starten, bin ich schon im zweiten Gang. Ich habe sechs Meter Vorsprung, die ich bis zum Rand des Plateaus halte. Dann gibt es keine Laternen mehr, der Weg nach unten ist dunkelschwarz. Ich weiß genau, wohin ich renne. Viermal habe ich hier John getroffen. John war ein Totschläger, Einbrecher, Autodieb, Drogenhändler und Frauenhasser. Nicht frei von Stolz zeigte er mir sein drei Blatt starkes Strafregister, gestempelt und unterzeichnet vom Staate New York. Er habe gebüßt und wolle ein freundlicher Mensch werden. Als ich an seinem Schlafplatz vorbeisprinte, sehe ich, daß der leer ist. Sicher hätte er mir geholfen. Aber die Gefahr ist schon vorüber, die beiden sind verschwunden.

Unten auf dem hellerleuchteten West Drive kommt mir eine Polizeistreife entgegen. Der Beifahrer ruft mir zu: „Achten Sie auf einen großen Schwarzen. Grünes Hemd. Er hat einen umgebracht!"

Ich erinnere mich an die drei Schüsse. Zwei Minuten später bin ich am Tatort. Harlem, 110. Straße, direkt am Eingang zum Park. Der Angeschossene liegt in einem Ambulanzwagen. Sirenen, die Lichter, eine Menschenmenge, das warme Blut auf dem Asphalt. Ein Halbwüchsiger nennt mir das Motiv: „Eifersucht." Er scheint völlig unberührt, deutet grinsend auf den gegenüberliegenden Block: „Willst du? Meine Schwester wohnt im Erdgeschoß. Für einen Zehner kannst du sie haben."

Er scheint meinen Gesichtsausdruck falsch zu verstehen und fängt an, die Körperteile des Mädchens einzeln anzubieten.

Ich vertröste ihn auf später. Irritiert blicke ich zu vier Männern, die gespannt auf die Blutlache starren. Polizei und Krankenwagen haben sich inzwischen entfernt. Auch die meisten Zuschauer. Die vier winken mir, ich komme näher. Ein kleines, seltsames Stück Fleisch liegt da. Jeder nimmt es zwischen seine Finger. Kein Zweifel: ein zwei Zentimeter langes Stück Oberlippe, dem Opfer weggeschossen.

Einer der vier zieht sein Taschentuch heraus und wickelt die fünf Gramm Menschenfleisch hinein. Er will es behalten. „As a souvenir", sagt er, lacht und spaziert davon, verschwindet Richtung East Drive.

Ich sehe auf die Uhr: 4.16 Uhr, eine tote Männerlippe wird wohlverpackt in den Central Park getragen.

Alex Webb, 40, lebt in Brooklyn. Seine Fotografenkarriere betrieb er anfangs eher nebenbei; inzwischen hat er mehrere Preise gewonnen und zahlreiche Ausstellungen präsentiert.
Andreas Altmann, 43, ist auch Autor der Crack-Reportage in diesem Heft.

Im neuen SAISON
KUBA
Jamaica
Jetzt ist Saison fü
Jetzt DM 6,80

r Sonnenanbeter.
SAISON GEO
SAISON
DAS REISEMAGAZIN VON GEO
EXTRA
SAISON
DAS REISEMAGAZIN VON GEO
2775 KM PICASSO
MUSEEN, SCHAUPLÄTZE, LANDSCHAFTEN – EINE REISE DURCH DIE WELT DES MAL-GENIES
BERLIN: Die Hauptstadt der Nachtschwärmer
BURMA: Entdeckungsreise in eine fremde Welt
USA: Büffeltreiben in Dakota
URLAUB ZUM TRÄUMEN
KUBA & JAMAICA
DAZU 18 TOP-ADRESSEN IN DER KARIBIK
SAMBESI: Abenteuer auf Afrikas wildestem Fluß
ISCHGL: Ski und Jadel gut
PICASSO: Auf den Spuren eines Genies – das Heft-im-Heft
Das große und
das kleine SAISON
ab 10. Februar bei jedem netten
Zeitschriftenhändler.

CHASSIDIM

Sie warten auf den Messias und gehorchen der Thora. Osteuropas jüdisch-orthodoxe Chassidim haben nach 1945 in New York eine neue Bleibe gefunden – doch keinen Frieden. Ständig schwelt der Streit mit ihren schwarzen Nachbarn. Und auch untereinander liegen die zehn chassidischen Gemeinden im Streit um das wahre Glaubensverständnis, so zum Beispiel die Lubawitscher unter dem Oberrabbiner Menachem Mendel Schneerson mit ihren größten Rivalen, den Satmar

DER LANGE WEG ZU GOTT

Ein chassidischer Junge trägt beim Morgengebet die samtumhüllte Thora. Schon mit drei Jahren werden die Knaben zur Religionsschule geschickt, um dort auf hebräisch die fünf Bücher Mose zu lesen – und auswendig zu lernen, Satz für Satz, Wort für Wort

KEINE ZEITUNGEN UND AUCH KEIN KINO, DENN NICHTS SOLL ABLENKEN VOM STUDIUM DER THORA

Zwei Chassidim bei der Morgenandacht mit Gebetsriemen und »Tefilins«: auf die Stirn gebundenen Lederboxen mit heiligen Schriften. Die Chassidim nennen sich »Gottergebene«, und ihre Tage richten sie aus nach den Regeln von Thora und Talmud. So dürfen sie etwa am Sabbat niemals Auto fahren – nur zu Todkranken werden Ambulanzen vorgelassen

EIN LEBEN NACH DEM »KÖNIGLICHEN JOCH«, DEN 613 GESETZEN DES TALMUD

VON JIM DWYER · FOTOS: MARC ASNIN

Chassidische Hochzeit: Die Braut wird verhüllt zur Trauung geführt, damit ihr künftiger Gatte sie nicht zu früh sieht. Später wird sie ihren Kopf scheren, um niemandem sonst zu gefallen, und fortan Perücken tragen. Sie wird ihren Mann 14 Tage im Monat wegen ihrer »Unreinheit« nicht berühren, und sie wird darum beten, viele gesunde Nachkommen zu gebären. Familien mit acht Kindern sind nicht selten bei den Chassidim

KEINER SOLL DIE BRAUT VORHER SEHEN – AUCH NICHT IHR MANN

Die Braut ist gerade erst 17 Jahre alt geworden – höchst rosige 17 Jahre, das läßt sich nicht leugnen. Sie sitzt ein wenig erhöht auf einem Stuhl, der an einen Thron erinnern soll, und Verwandte und Freunde sind gekommen, ihr zu huldigen. Sie strahlt vor Glück. Wir befinden uns im abgetrennten Frauenteil einer Versammlungshalle, in der an vier Abenden in der Woche die großen Familienfeiern der Satmar-Chassidim aus Williamsburg im Stadtteil Brooklyn stattfinden. Und jetzt, kurz vor Beginn der eigentlichen Zeremonie, ist der Festsaal voller Menschen, die gekommen sind, am Abglanz des Glücks teilzuhaben.

Die Braut wird einen 19jährigen Jungen heiraten, den sie erst zweimal für jeweils fünf Minuten getroffen und mit dem sie bei diesen Gelegenheiten nur schüchterne Begrüßungsworte gewechselt hat. Auch heute hat der junge Mann die Halle vor seiner Braut durch einen Seiteneingang betreten, um eine zufällige Begegnung auszuschließen.

In diesem Augenblick, eine halbe Stunde vor Beginn der Hochzeitszeremonie, hält er sich, streng abgeschirmt vom Festtrubel, in einem Hinterzimmer auf.

Diese Minuten haben für die Braut etwas geradezu Majestätisches. Auf einem Stuhl zu ihrer Linken sitzt ihre Mutter; zwei jüngere Schwestern, 14 und 15 Jahre alt, stehen wie Hofdamen hinter ihrem Thron.

„Demnächst sehen wir uns dann auf eurer Hochzeit", sagt ein weiblicher Gast nach dem anderen zu den jüngeren Schwestern, die es lächelnd und kopfnickend quittieren. Das ist nicht nur so hingesagt; auch diese beiden Mädchen werden noch vor Erreichen des 18. Lebensjahres jungen Männern versprochen sein, die ihre Eltern für sie aussuchen.

Nachdem die Frauen der Braut ihre guten Wünsche dargebracht haben, laben sie sich an einer langen Tafel, die sich unter dem Gewicht der Vorspeisen fast zu biegen scheint. Sie nippen an alkoholfreien Getränken und tauschen Neuigkeiten aus. Die Stimmung ist gelöst und heiter.

Ganz anders dagegen geht es bei den Männern zu.

Am Ende eines langen Korridors sitzen im Halbdunkel eines Zimmers etwa 30 bis 40 Figuren in langen schwarzen Mänteln mit Zobelkragen um einen Tisch herum. Immer mehr Männer drängen herein, und bald ist das Zimmer hoffnungslos überfüllt. Die Luft ist graublau. Viele Männer rauchen, und das Licht der einzigen Lampe im Hintergrund vermag kaum durch den Qualm bis zum vorderen Teil des Zimmers zu dringen.

Dort sitzt der Bräutigam, das Gesicht in den Händen vergraben, und wiegt den Oberkörper vor und zurück. Er betet. Niemand spricht. In keiner Miene ist auch nur der Anflug eines Lächelns zu erkennen. Auf dem Versammlungsort mit seinen Rauchschwaden und seiner ernsten Stille scheint das ganze Gewicht der Geschichte zu lasten. Man wird das Gefühl nicht los, als würde jeden Moment die Tür aufgehen und man könne hindurchschreiten, direkt in ein Schtetl irgendwo im Galizien des 18. Jahrhunderts.

Doch diese Männer, die wie jüdische Aristokraten aus einem fernen Land und aus längst vergangener Zeit gekleidet sind, leben im New York des 20. Jahrhunderts, in der womöglich demokratischsten und egalitärsten Stadt der Neueren Zeit. Sie leben in tiefer Frömmigkeit, in absolutem Vertrauen zu den Glaubensbrüdern und zu sonst niemandem und mit einer selten anzutreffenden Gelassenheit, ja Gleichgültigkeit gegenüber dem, was andere Menschen von ihnen und ihrem sonderlichen Äußeren halten mögen.

In einer Stadt, die nahezu ununterbrochen von schrillem Gebrüll einander feindlicher Stämme widerhallt, tauchen die fundamentalistischen Chassidim allzu häufig nur als Gestalten einer dunk-

MÄNNER UND FRAUEN FEIERN GETRENNT

Während eines Festes tanzen die männlichen Chassidim nur unter sich. Von fremden Frauen nehmen die »Gottergebenen« grundsätzlich keine Notiz, und selbst den eigenen Töchtern gehen sie schon sehr früh aus dem Weg – sie könnten »unrein« sein

len Stille auf: Frauen mit Perücken und Männer in tiefschwarzen Mänteln – irgendwie fremd, geheimnisvoll und wie abwesend, Lärm und Hektik dieser Metropole nicht beachtend.

Die Hochzeit findet an einem warmen Sommerabend statt. Die Straße vor der Festhalle ist sauber. Es gibt keine leerstehenden Geschäfte, keine zugenagelten Schaufenster. Dieser Teil von Williamsburg, in dem Juden und Puertoricaner seit Jahrzehnten in verbissener Spannung zusammen leben, ist fest im Besitz der Satmar.

„Das Mädchen ist garantiert noch von keinem Mann berührt worden", raunt meine Begleiterin. Sie ist eine entfernte Verwandte des Bräutigams. „Auf gar keinen Fall von ihrem zukünftigen Ehemann."

Obwohl die Satmar Ehen zwischen Cousin und Cousine gestatten, hat ein Mitglied der Gruppe unlängst eine Datenbank angelegt, mit deren Hilfe sich genetische Typen lückenlos verfolgen lassen. Eine seltsam moderne Einrichtung in dieser so weltabgewandten Gemeinschaft, doch unbedingt notwendig in einer Welt der verabredeten

Ehen, in der schon seit langem eine Erbkrankheit gehäuft auftritt, das Tay-Sachs-Syndrom, das zur Idiotie führen kann.

Leiden hat es für die demonstrativ orthodoxen Juden in Fülle gegeben; die Satmar, ursprünglich aus einer gebirgigen Region nahe der ungarisch-rumänischen Grenze stammend, sind die standhaftesten Erben des ungarischen Judentums und haben auch das Pogrom überlebt, das ihnen noch kurz vor Ende des Zweiten Weltkrieges zugedacht war. Später sind sie nach Brooklyn ausgewandert.

Sie halten bewußt an ihrer aggressiven Isolation fest, pflegen ihr Anderssein und sind nicht daran interessiert, andere zu ihrer Form des Glaubens zu bekehren. Sie produzieren ihre neuen Gemeindeglieder lieber selbst: Einer offiziellen Schätzung zufolge wächst die Zahl der 50 000 amerikanischen Satmar – von denen allein 40 000 in Brooklyn leben – jährlich um fast fünf Prozent. Familien mit zehn oder mehr Kindern sind keine Ausnahmen.

„Nichtorthodoxe Juden", sagt meine Begleiterin, „verbreiten gern, die Satmar sähen selbst ihre Ehefrauen nie nackt und könnten ihre vielen Nachkommen nur zeugen, weil die Bettlaken an strategischen Stellen Löcher haben. Das ist natürlich Unsinn."

Jetzt beginnt die Hochzeit. Die Trauungszeremonie findet im Freien statt. Die Braut wird mit einem Tuch über dem Kopf hinausgeführt, damit weder sie ihren zukünftigen Ehemann sehen kann noch ihr Gesicht von ihm gesehen wird.

Er stammt aus einer wohlhabenden Familie und sieht wie ein Schuljunge aus: Auf seinem pausbäckigen Gesicht ist nur der Anflug eines Bartes zu erkennen. Nach dem Abschluß der Talmudschule wird der Bräutigam einen Posten in der Brotfabrik seiner Eltern übernehmen. Es versteht sich von selbst, daß sich die Braut dann um die Erziehung der Kinder kümmert; das erste sollte so etwa nach Ablauf eines Jahres zur Welt kommen. Und dann eines nach dem anderen, in regelmäßigen Abständen.

Während der Zeremonie wiegt der Bräutigam sich vor und zurück, augenscheinlich ganz ins Gebet vertieft. In Wahrheit ist er wahrscheinlich fast gelähmt vor Angst; ein Junge, der die Wehen des Erwachsenwerdens durchleidet. Gegen Ende des Rituals geht die Braut siebenmal im Kreis um ihren Mann. Danach ziehen sich die beiden ins Privatgemach zurück, und die Gäste nehmen an langen Tafeln Platz – die weltlich Gekleideten an einem eigens für sie reservierten Tisch.

Braut und Bräutigam haben den ganzen Tag gefastet, um sich für das große Ereignis zu reinigen. In dem Zimmer sind die beiden zum ersten Mal miteinander allein. Es wird ihnen eine kleine Mahlzeit serviert, um das Fasten zu beenden. Nach einer halben Stunde werden sie wieder herauskommen zu ihren Gästen – sie zu ihren und er zu seinen. Denn Frauen und Männer begehen den Abend in verschiedenen Teilen des Saals, durch einen Vorhang voneinander getrennt, jeweils von einer eigenen Band unterhalten und von verschiedenen Kellnern bedient.

Der erste von einem guten Dutzend Bettlern erscheint mit einer herzergreifenden Geschichte von einer Schule in Not oder einem Familienmitglied, dem es nicht gutgeht. Keiner der Bittsteller verläßt die Tafel mit leeren Händen, aber es gibt nicht viel Blickkontakt, und es wird ein wenig unwillig gespendet. Doch die Schnorrer gehören ebenso traditionell zu dieser Hochzeit wie die Klezmer-Band, die zum Tanz aufspielt.

An den Tischen wird übers Geschäft gesprochen. Auf Jiddisch. Die Satmar sind so erfolgreich im Handel mit Unterhaltungselektronik, daß sie in ihren Läden Kameras, Hi-Fi- und Videogeräte zu Preisen anbieten können, die bis zu 30 Prozent unter denen großer Kaufhäuser liegen.

Vom jungen Ehemann ist immer noch nichts zu sehen, obwohl er und seine Braut schon vor einer Stunde verschwunden sind. Das Festessen ist beinahe beendet.

Der muntere Schwatz geht weiter. Die Chassidim sind auch im alten New Yorker Diamantendistrikt aktiv, kurz „The Street" genannt. Das steht für die 47th Street zwischen der Fifth und der Sixth Avenue in Manhattan. Als nach Abflauen der großen Wirtschaftskrise das Rockefeller Center eröffnet wurde, etablierte sich hier ein Zentrum des Edelsteinhandels. Heute werden an der „Street" fast 50 Prozent aller Diamanten auf dem Weltmarkt umgeschlagen.

Hier, wo es um gewaltige Schätze geht, kommt es ganz besonders auf den engen und vertrauensvollen Zusammenhalt der Satmar an – ganz zu schweigen von dem persönlichen Sicherheitsrisiko der Männer. Die Sirtuk, die traditionellen schwarzen Mäntel der Chassidim, sind heutzutage kugelsicher. Darunter verbergen die Männer Westen mit Geheimtaschen, in denen sie oft ein Vermögen transportieren.

Auf der Straße herrscht hektische Betriebsamkeit: Boten, Kredithaie, Polizisten zu Pferde – alle eilen von der

Fifth zur Sixth Avenue und wieder zurück. In dem Menschengewirr werden an sechs Tagen in der Woche Edelsteine im Wert von einigen hundert Millionen Dollar durch Manhattan geschleust.

„Auf den ersten Blick sieht es so aus, als liefen die Menschen hier planlos und wie gehetzt umher", sagt ein Satmar, Manager eines der einflußreichsten Edelsteinhändler der Welt. „Und es hat vielleicht auch den Anschein, als seien sie auf ihren Botengängen mit den Diamanten allein. Aber oft folgt ihnen unauffällig eine Leibwache."

Die aus dem Ausland importierte Ware wird meist beim Zoll an der Varick Street in Lower Manhattan deponiert. Von dort nehmen die Boten die U-Bahn hoch nach Midtown Manhattan – wenn die Diamanten den Wert von 100000 Dollar nicht überschreiten. Nur wenn es um höhere Summen geht, ordert der Händler ein Taxi.

An Freitagnachmittagen verliert die 47th Street ein paar Volt ihrer üblichen Hochspannung und Vitalität. Denn bei Sonnenuntergang beginnt der Sabbat, und die chassidischen Händler deponieren ihre Klunker übers Wochenende im Tresor.

Der Bräutigam ist immer noch nicht zurück. Genau anderthalb Stunden sind vergangen, und immer noch warten alle Männer darauf, endlich tanzen und den Bräutigam auf einem Stuhl durch den Saal tragen zu dürfen.

„Warum wird eine scheinbar so nüchtern verabredete Heirat so festlich zelebriert?" frage ich meine Begleiterin.

„Weil es dennoch eine gute, erfolgreiche Ehe sein wird", antwortet sie. „Die Eltern werden ihre Kinder nie mißhandeln. Der Frau wird es an nichts mangeln. Es wird keine Promiskuität geben und keine Seitensprünge, nur absolute Treue und Hingabe. Die Satmar sind fraglos eine altmodische Sekte, aber dafür halten ihre Ehen."

In diesem Augenblick erscheint der Bräutigam, ein zufriedenes Grinsen auf dem Gesicht. Es scheint so gut wie sicher, daß er mehr als nur eine kleine Mahlzeit genossen hat. Er wird in einen Armsessel gesetzt. Die Lautstärke der Musik nimmt zu. Der Tanz beginnt.

Ein paar Straßen, ein paar Kilometer, ein Wohnviertel weiter: Crown Heights. Auch hier, wie in Williamsburg, Männer mit schwarzen Mänteln und langen Bärten. Ein anderes Schtetl, eine andere Welt – 50 Blocks wohlgepflegter Klinkerbauten zwischen den Schwarzengettos von Brownsville und Bedford-Stuyvesant.

Hier lebt eine weitere der insgesamt zehn Gruppen, die weltweit die Chassidim-Bewegung ausmachen: die Lubawitscher. Ihre Bewegung entstand um 1750 in dem kleinen belorussischen Städtchen Lubawitsch; heute versuchen sie, anders als alle anderen Chassidim, auch unter weniger strenggläubigen Juden Anhänger zu gewinnen, sie auf eine spirituelle Wiedergeburt einzustimmen. In Kleinanzeigen auf der Titelseite der „New York Times" erinnern sie beispielsweise jüdische Frauen daran, wann es Zeit ist, vor dem Sabbat die Kerzen anzuzünden.

Für Nichtjuden sind deutliche Unterschiede zwischen den Lubawitschern und den Satmar kaum auszumachen. Dennoch bekämpfen sich beide Gruppen bis aufs Blut.

Geistliches Oberhaupt der 200 000 Lubawitscher weltweit ist der 90jährige Me-

HOFFNUNG AUF DEN NEUEN MESSIAS

Der 90jährige Rebbe Menachem Schneerson gibt während des »Dollar Day« Geld an Gläubige aus, die es mit seinem Segen dann weiterspenden. Seit 42 Jahren ist er die höchste geistliche Autorität der 200000 Lubawitscher Chassidim – der wohl »mächtigste Mann der mächtigsten Bewegung der jüdischen Welt«, wie Kritiker anmerkten. Seine Andachten werden per Satellit übertragen, und selbst beiläufige Bemerkungen des »neuen Messias« haben im entfernten Israel schon zu Regierungskrisen geführt

nachem Mendel Schneerson, der siebte Rebbe der Lubawitscher-Dynastie. In ihm sehen seine Anhänger seit kurzem keinen geringeren als den Messias. Jedes seiner Worte wird von den Jüngern akribisch festgehalten, vervielfältigt und von einem Lubawitscher Nachrichtendienst per Satellit und Fax auf der ganzen Welt verbreitet.

Sein Einfluß ist nicht zu unterschätzen. So hat vor einigen Jahren eine scheinbar beiläufige Anmerkung Schneersons zur Frage, was einen wahren Juden ausmacht, zu einer Neuausrichtung der israelischen Politik geführt. Schneersons Wort hat auch schon Koalitionen platzen lassen. Und sein Haus in Brooklyn wurde in der israelischen Wüste Stein für Stein nachgebaut, auf daß er sich dort heimisch fühle, sollte er demnächst im Triumph als Messias heimkehren.

Die Fehde zwischen den Lubawitschern und den Satmar reicht Jahrhunderte zurück, vor allem wegen der unterschiedlichen Auslegung der Schriften des Maimonides, der größten rabbinischen Autorität im Mittelalter. Doch ultraorthodox nach den strengen Regeln des Talmud leben beide Gruppen.

So verbieten die jüdischen Gesetze den Männern, ihre Bärte zu schneiden oder den Kopf unbedeckt zu lassen. Frauen müssen Arme und Beine verhüllen. Zudem wird nach der Hochzeit von ihnen verlangt, ihre Haare zu schneiden, damit sie keinen anderen Männern gefallen; viele tragen deshalb Tücher oder Perücken. Zwei Wochen im Monat dürfen sich Mann und Frau nicht berühren, nicht einmal mit den Fingerspitzen. Und Kinder werden getrennt erzogen, dürfen weder TV sehen noch ins Kino gehen und erhalten eine strenge religiöse Ausbildung.

Doch so sehr sich das Leben der Satmar und Lubawitscher ähnelt, so sehr unterscheiden sich beide Gruppen in vielen politisch-philosophischen Fragen, vor allem in ihrem Verhältnis zum Staat Israel. Die Lubawitscher halten enge Kontakte zu Jerusalem, während die Satmar es als Blasphemie ansehen, einen jüdischen Staat auszurufen, bevor der Messias gekommen ist. Regelmäßig verbrennen sie die israelische Flagge, und vor ein paar Jahren hängten sie eine Puppe des Lubawitscher Rebbe an einen Telefonmast.

Manchmal nimmt der Streit noch ernstere Formen an. Vor einigen Jahren lauerten mehrere Satmar dem Journalisten Chaim Shaulson auf, dem Herausgeber einer den Lubawitschern nahestehenden Zeitung. Ein Mann verließ Shaulsons Haus und stieg in einen Wagen. An der nächsten Kreuzung wurde das Auto von mehreren anderen eingeklemmt. Ein Satmar kam heran und schlug mit einem Hammer die Scheibe auf der Fahrerseite ein. Dann zerrten die frommen Eiferer den Mann aus seinem Gefährt, verprügelten und verletzten ihn durch mehrere Messerstiche schwer. Als in der Nähe eine Polizeisirene aufheulte, war-

fen die Angreifer ihr Opfer zu Boden und rasten davon.

Das Opfer war nicht Chaim Shaulson gewesen, sondern ein Mechaniker, der die Zeitungscomputer reparieren sollte. Die Täter wurden nie gefaßt.

Auch mit ihren schwarzen Nachbarn leben die Lubawitscher im Streit. Aggressiv dehnen sich die Chassidim im Viertel aus, und die Nichtjuden fühlen sich davon bedrängt. Regelmäßig wünschen sie den langbärtigen Männern „ein neues Auschwitz", während die sich mit Beschimpfungen wie „Dschungelhasen" revanchieren.

Im vergangenen Jahr eskalierte der Konflikt, nachdem ein Wagen aus der Eskorte des Rebbe ein schwarzes Kind erfaßt und getötet hatte. Kurz darauf brachten Schwarze – die den Chassidim vorwarfen, sich nicht um das Kind gekümmert zu haben – den nichtsahnenden Thora-Studenten Yankel Rosenbaum um. Seither drohen sich beide Gruppen erbitterte Vergeltung an – selbst ein Vermittlungsversuch des Bürgermeisters mißlang.

Es ist Sonntag, und vor dem Haus 770 Eastern Parkway stehen Tausende von Besuchern Schlange. Sie wollen Menachem Schneerson zu Glaubens- und Alltagsproblemen, zu Manna und Mammon befragen. Der Besitzer einer australischen Diamantenmine legt dem Rebbe eine Karte vor und fragt, wo er graben solle. Schneerson deutet auf einen Ort (angeblich eine reiche Fundstelle, wie das Büro des Rebbe später mitteilen wird).

Er gibt dem Minenbesitzer zwei Dollarnoten. Denn dies ist der „Dollar Day". Bis zu seinem Schlaganfall vor einigen Monaten verschenkte Schneerson auf diese Weise jedes Wochenende zwischen 6000 und 10000 Dollar – immer in einzelnen Scheinen. Das Geld soll von den Empfängern für einen guten Zweck gespendet werden. Der Sänger Bob Dylan hat sich hier schon seinen Dollar geholt; auch ein US-Senator aus Alaska; und eine junge Frau, die einen hebräischen Namen brauchte. Experten schätzen, daß die Lubawitscher jährlich aus aller Welt über 100 Millionen Dollar erhalten, gespendet von reichen, aber weniger strenggläubigen Juden.

Die Chassidim fühlen sich als Auserwählte, als Bewah-

ALLES IST IN EIGENER HAND

Chassidischer Junge bei einem chassidischen Friseur: Die Lubawitscher leben in Brooklyns Stadtteil Crown Heights wie in einem jüdischen Schtetl – mit eigenen Krankenhäusern und Ambulanzen, Festsälen und Altersheimen, Darlehenskassen und Badehäusern

Rassenhaß in Crown Heights: Seit Jahren gärt es zwischen den Lubawitschern und deren karibischen Nachbarn. Im Sommer 1991 tötete ein Fahrer des Oberrabbiners Schneerson bei einem Unfall ein schwarzes Kind. Es kam zu tagelangen Krawallen, bei denen ein Talmud-Student von Schwarzen gelyncht wurde

WIE LANGE BIS ZUM NÄCHSTEN STREIT?

rer des orthodoxen Judentums. Während immer häufiger amerikanische Juden Nichtjuden heiraten und damit ihre religiöse und ethnische Identität gleichsam verwässern, betreiben die Lubawitscher so etwas wie umgekehrte Assimilierung.

„99 Prozent unserer Mitglieder sind nicht als Chassidim geboren worden", sagt die Lehrerin Henya Lane. „Sie alle kommen aus Überzeugung zu uns." Zum Beispiel jene jüdischen Feministinnen, die Henya vor Jahren aus der „Unterdrückung der Orthodoxie" befreien wollten. „Als sie dann aber die wahre Religiosität und den ehrlichen, unprätentiösen Lebensstil unseres Kreises erkannten, blieben sie bei uns."

Adolf Hitler, sagt sie, habe sechs Millionen Juden umbringen lassen, „und wir weinen heute noch um die Toten. Doch niemand beklagt sich, wenn in den USA heutzutage jüdische Sitten gemordet werden. Gegen diesen spirituellen Holocaust wehren wir uns."

Henya und ihr Mann David unterrichten an Lubawitscher Konfessionsschulen. Sie haben acht Kinder großgezogen. In ihrem Haus können bis zu 22 Personen übernachten. „Manchmal kommen an den hohen Feiertagen fremde Leute zu uns, um den Rebbe zu sehen, und fragen, ob sie bei uns schlafen könnten. Unlängst war alles belegt. Da wollten sie sich auf den Teppich legen. Natürlich haben meine Kinder das nicht geduldet, sondern ihnen ihre Zimmer überlassen und auf dem Fußboden geschlafen. Diese Leute waren Fremde, aber sie waren schließlich Juden wie wir."

An einem kühlen Tag im Herbst 1992 feiert Henya Lanes Familie die Beschneidung ihres Enkels Aaron. Der Junge ist acht Tage alt. Er liegt auf einem weißen Steckkissen und wird unter drei Dutzend Männern herumgereicht. Sie alle tragen „Trizis", jene Fransentücher, die an Gottes 613 Gebote erinnern sollen.

Dann trinkt der „Moill", der heilige Mann, der die Beschneidung vornehmen wird, einen Schluck Wein, küßt das Kind und entfernt mit einem raschen Schnitt die Vorhaut des Jungen. Er tunkt ein Tuch in süßen roten Wein und hält dem Baby einen Zipfel des Tuchs an die Lippen. Der kleine Aaron, der seit ein paar Stunden nicht mehr gestillt worden ist, beginnt gierig zu saugen. Damit ist die Zeremonie beendet. Nun werden für die Erwachsenen Speisen aufgetragen.

In wenigen Stunden werden sich die Gäste einer anderen Feier, einer Lubawitscher Hochzeit, im Saal drängen. Draußen auf den Straßen von Crown Heights herrscht reges Leben.

„Die Leute meinen oft, wir Chassidim seien so etwas wie Unberührbare", sagt Henya Lane zum Abschied. „Man sieht immer noch die armen Schtetl-Juden in uns. Doch mein Haus ist modern und sauber. Viele Menschen würden uns gern ausgelöscht sehen. Gott aber will uns hier auf Erden haben." □

Jim Dwyer, 35, Autor bei „Newsday", schrieb für dieses Heft auch den Eröffnungsessay. Übersetzung: Hans-Joachim Becker. **Marc Asnin,** 29, hat durch jüdisch-orthodoxe Verwandte einen engen Kontakt zu den Chassidim.

I ♥ NY®

Alle fliegen auf New York, New York. Delta Air Lines sogar täglich.

Wollen auch Sie New York City und New York State kennen- und liebenlernen? Mit der offiziellen Airline von I♥NY ist das von Deutschland aus die einfachste Sache der Welt. Fliegen Sie nonstop mit Delta Air Lines von Berlin, Frankfurt und München oder direkt von Hamburg und Stuttgart zum JFK-Airport. Und entdecken Sie die beiden Seiten von New York.

Manhattan mit seinen weltbekannten Museen, Restaurants und exklusiven Geschäften. Die neueste Broadway-Inszenierung wird Sie ebenso beeindrucken wie das Wahrzeichen New Yorks, die Statue Of Liberty.

Oder lassen Sie doch einfach die Lichter der Stadt hinter sich, und erleben Sie das andere New York. Die großartige Landschaft des Bundesstaates, z. B. die atemberaubenden Niagara-Fälle oder die Adirondack Mountains, wo Sie zelten und angeln können. Die ursprüngliche Schönheit der Natur werden Sie hier sicher ebenso genießen wie an den kilometerlangen, wundervollen Stränden.

Wenn Sie sich von New York City und New York State faszinieren lassen wollen, wählen Sie einfach einen unserer täglichen Flüge. Und dann werden auch Sie sagen: I love New York.

Für weitere Fluginformationen oder Reservierungen wenden Sie sich an Ihr Reisebüro, oder rufen Sie Delta Air Lines bundesweit zum Nulltarif an: 0130/2526.

DELTA AIR LINES
We Love To Fly And It Shows.

VON JESSE KORNBLUTH

IM ZYKLUS DER BÖRSE GEHT ES DER WALL STREET GERADE WIEDER GUT. DOCH WANN KOMMT DER NÄCHSTE KRACH?

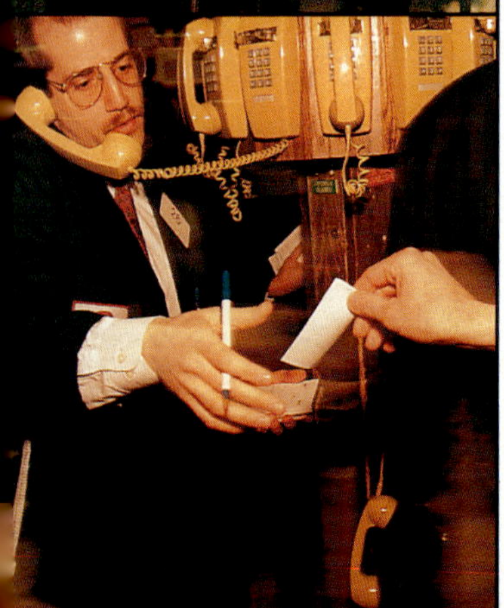

Sie ließen sich ihre Schuhe in London anfertigen, stießen auf Deals mit Champagner an und bezahlten PR-Leute, die dafür sorgten, daß gewöhnliche Sterbliche wußten, wer sie waren. Ihre Ehefrauen trugen Kleider zu 25000 Dollar, und bei ihren Partys kostete allein der Tafelschmuck einen Tausender. In ihren Millionen-Dollar-Apartments hingen Ölportraits von Adligen, die fraglos nicht zu ihren Vorfahren zählten, und ihre Kinder sahen aus, als seien sie einer dieser „Ich wär' so gern von höherem Geblüt"-Anzeigen für Ralph-Lauren-Moden entsprungen.

Das war New York in den achtziger Jahren, dem goldenen Zeitalter der Wall Street. Heute scheint alles schon so weit zurückzuliegen: all die smarten jungen Männer mit scharfen Gesichtszügen, gelben Krawatten und roten Hosenträgern, die sich durch Bilanzen fraßen und BMWs kauften; all die ehrgeizigen jungen Frauen, angetan mit Seidenkrawatten und Männeranzügen und gerade erst dem Studium entronnen; all die frechen Finanzjongleure, die mit geborgtem Geld und Mut zum Risiko riesige Firmen übernahmen.

Wie sich herausstellte, waren die meisten Amerikaner bei diesem Spiel nur Zuschauer; ihre Zügellosigkeit erschöpfte sich darin, mit ihren Kreditkarten ein paar Schulden anzuhäufen, während gleichzeitig Wall Street arrogant und ohne rot zu werden eine ungeheuere Raff- und Verschwendungsorgie feierte. Über Nacht, so wollte es scheinen, war aus den USA, ehemals die größte Gläubiger-Nation der Welt, der größte Schuldner geworden.

Es war, als produzierten die USA pötzlich keine Waren mehr, sondern nur noch Finanzdeals. Die Jongleure, die Firmen übernahmen und ausweideten, bis nichts mehr übrigblieb, beuteten eine Wirtschaft aus, die nur noch auf gewaltigen Schulden ohne Sicherheiten ruhte. Das Wort „Finanzwirtschaft" wurde zum Synonym für ungezügelte Raffgier.

„Die Wall Street hatte ihren lausigen Ruf zu

Recht", sagt Alan „Ace" Greenberg, legendärer Wertpapierhändler und Chef des renommierten Investmenthauses Bear Stearns. „Damals waren Gauner am Werk, die mit anderer Leute Geld krumme Dinger drehten. Es waren wilde, verantwortungslose Jahre."

Die Wende kam im Oktober 1987, als der Dow-Jones-Index, der Auskunftswert über die Stärke des Aktienmarktes, an einem einzigen Tag um 508 Punkte fiel. Ein Jahr darauf mußte Drexel Burnham Lambert, die erfolgreichste Firma an der Wall Street, zugeben, daß ihr Star-Verkäufer Michael Milken, Erfinder der extrem risikoreichen, dafür jedoch hochverzinslichen Junk Bonds („Schrottanleihen"), in mindestens sechs Fällen gegen das Gesetz verstoßen hatte. Die Firma Drexel zahlte 650 Millionen Dollar an Bußgeldern und meldete schließlich Konkurs an. Milken wurde zu 600 Millionen Dollar Strafe verdonnert (was er aus der Portokasse beglich; allein 1985 hatte er 715 Millionen Dollar verdient) und später zu zehn Jahren Haft verurteilt.

Bis die Börsenflaute beendet war, hatten noch drei weitere Firmen die Segel streichen müssen, standen insgesamt 50000 Finanzmakler auf der Straße.

Das war im Jahr 1990. Seither hat Wall Street zwei der erfolgreichsten Jahre ihrer Geschichte erlebt – während die Vereinigten Staaten zugleich durch die längste Wirtschaftsflaute seit der großen Depression in den dreißiger Jahren dümpeln. Der Dow-Jones-Index ist auf eine neue Rekordhöhe geklettert, und über 100 Millionen Dollar sind allein 1991 in Wertpapierfonds geflossen.

Diese verblüffende Wende ist freilich weniger auf die Stärke von Wall Street als vielmehr auf die amerikanische Niedrigzinspolitik zurückzuführen. „Den Leuten reichen die mickrigen drei Prozent auf der Bank für ihr gutes Geld einfach nicht", sagt ein Wertpapierhändler. „Und das führt logischerweise zu gewaltigen Investitionen an der Börse."

Es kann freilich auch leicht zur nächsten Katastrophe führen, denn wenn es an der Wall Street eine unumstößliche Wahrheit gibt, dann die, daß die Geschichte sich wiederholt.

Schon vor ziemlich genau 100 Jahren boten neureiche Finanzkönige ihren Gästen Zigaretten an, eingerollt in Hundertdollarscheine, und Gastgeberinnen versteckten bei Partys schon mal schwarze Perlen in den gereichten Austern. Das Neue Geld rang um gesellschaftliche Anerkennung. Und als das große Spiel 1929 schließlich beendet war, blieben Firmen und Karrieren reihenweise ruiniert auf der Strecke.

Alan Greenberg hatte ebendiese zyklische Geschichte der Wall Street im Sinn, als er nach dem Börsenkrach vom Oktober 1987 auf eine Frage der „New York Times" antwortete: „An der Börse geht es rauf und runter. Nächste Frage?"

Damit hatte er die Sache auf den Punkt gebracht; nach ein paar turbulenten Jahren meldete Bear Stearns 1992 einen Rekordgewinn von 275 Millionen Dollar, von denen der 64jährige Greenberg rund 15 Millionen selbst mit nach Hause nehmen konnte.

Doch zugleich versucht er, die Firma gegen künfti-

ge Rückschläge einigermaßen zu wappnen. Derzeit führt Greenberg gerade wieder eine Kampagne gegen unnütze Ausgaben und hat fürs erste angeblich sogar den Kauf von Büroklammern untersagt. Zudem ist er ständig auf der Suche nach Leuten mit einem besonderen, dem „PSD“-Diplom: „Menschen, die arm (poor) sind, smart und von einem tiefsitzenden Verlangen (desire) nach Geld getrieben.“

Und noch etwas hat Alan Greenberg auf der Suche nach einer Kostenersparnis durchgesetzt: Der Wertpapier-Handelsraum von Bear Stearns sitzt nicht mehr an der überteuerten Wall Street. Da es Computern vermutlich gleichgültig ist, wo man sie aufstellt, hat Greenberg die ganze Abteilung an die Park Avenue in Uptown Manhattan umziehen lassen.

Der Arbeitsalltag bei Bear Stearns straft die Fernsehspots Lügen, mit denen Wall-Street-Firmen gern ihre Kunden umwerben. Da gibt es keine vertrauenerweckenden, konservativen Herren mehr, die Zigarren rauchen, dreiteilige Anzüge tragen und in langen Einzelgesprächen dem Anleger ihre ungeteilte Aufmerksamkeit widmen. Vor den Monitoren sitzen jetzt junge Haie, die ihre Computer so programmiert haben, daß bei Erreichen eines bestimmten Preisniveaus Milliarden auf den Markt geworfen oder aus ihm herausgenommen werden.

Für den Individualkunden bleibt da kein Platz. „Die meisten Anleger setzen ohnehin auf die falschen Papiere, wenn man sie selbst entscheiden läßt“, sagt ein Wertpapierhändler. „Deshalb raten wir ihnen auch nicht mehr, Aktien zu kaufen, sondern in Fonds einzusteigen; da ist das Risiko geringer.“

Ein Fonds, bei dem viele gern investieren würden, ist der Tudor Futures Fund, 1984 von dem heute 38jährigen Devisenhändler Paul Tudor Jones II. angelegt. Wer damals mit 1000 Dollar bei Jones einstieg, konnte 1988 über sage und schreibe 17 500 Dollar verfügen. Erstaunliche fünf Jahre hintereinander hatte Jones den Wert seiner Anlagen jeweils verdoppelt. 1987 verdiente er damit 80 Millionen Dollar – mehr als jeder andere an der Wall Street.

Aber das ist noch nicht die ganze Geschichte des Paul Tudor Jones II. Je erfolgreicher sein Geschäft lief, desto deutlicher, sagt er, sei ihm paradoxerweise klargeworden, in welch großer Gefahr sich die amerikanische Wirtschaft befinde. „Alles wird hundertmal rascher zerstört als aufgebaut“, erklärt er. „Schulden vernichten irgendwann jeden großen Staat. Und wenn unsere Wirtschaft weiterhin auf Pump lebt, dann wird sie so schnell untergehen, daß uns Hören und Sehen vergeht.“

Jones hat aus dieser Einsicht eine eher persönliche Konsequenz gezogen: 1986, als die Liebesaffäre der Wall Street mit sich selbst auf dem Höhepunkt

ANLEGER SETZEN MEIST AUFS FALSCHE PAPIER

DAS NEUE VORBILD DER BROKER: ROBIN HOOD

angekommen war, sagte er 85 Schülern in einem der ärmsten Stadtviertel New Yorks zu, ihr College-Studium zu bezahlen, wenn sie nur die Schule ordentlich beendeten. Bald schon stellte sich heraus, daß selbst dieses Angebot nicht ausreichte; die Kids brauchten mehr als nur Geld, nämlich Zuwendung.

Von nun an unterstützte Jones Organisationen, die vor Ort den Kindern halfen, ihre Ziele zu erreichen. Zudem rief er gemeinsam mit anderen Unternehmern die Robin-Hood-Stiftung ins Leben. Deren Name ist Programm. „Wir wollen die Reichen berauben und den Armen helfen", sagt Jones. „Und zu den Reichen gehöre ich selbst."

„Robin Hood" bekommt Gelder von anderen Stiftungen, investiert es an der Wall Street und gibt die Profite an Leute weiter, die in den Gettos arbeiten. „Im Laufe der vergangenen sieben Jahre ist zu meiner anfänglichen Begeisterung ein Gefühl großer Dringlichkeit gekommen", sagt Jones. „Wir müssen praktische Wege finden, auf denen sich der Armut beikommen läßt, ehe sich unsere Lebensqualität und unser ganzer Way of life endgültig in nichts auflösen."

Auch Alan Greenberg sorgt sich um das Wohl der Ärmeren im Land. Jeder seiner Top-Mitarbeiter muß vier Prozent seines Bruttoeinkommens für wohltätige Zwecke spenden – wer sich weigert, dem zieht die Firma das Geld gleich vom Gehalt ein.

„Mich hat immer der Gedanke fasziniert, daß ich heute nicht an der Park Avenue sitzen würde, wenn ein entfernter Verwandter meinem Großvater damals nicht die Überfahrt von Europa bezahlt hätte", sagt Alan Greenberg. „Deshalb nahm ich mir schon frühzeitig vor, später einmal viel Geld zu spenden."

Hinter all dieser Philanthropie verbirgt sich freilich ein handfestes, abergläubisches Motiv: „Je mehr ich verschenke", erklärt Greenberg mit kühler Logik, „desto mehr muß ich ja vorher auch verdient haben."

Alan Greenberg und Paul Tudor Jones II. wissen, daß die Finanzmärkte langfristig nicht auf Aufschwung hoffen dürfen, wenn es allen anderen im Land wirtschaftlich schlecht geht. Wall Street ist zur Zeit hoch verschuldet und äußerst nervös. Doch immerhin zeichnet sich in diesem Zipfel Amerikas, der lange Zeit so getan hat, als gingen ihn die Sorgen der Mitbürger nichts an, langsam ein radikaler Sinneswandel ab.

Wenn das so weitergeht, werden die Titanen der Wall Street irgendwann vielleicht doch wieder erkennbar menschliche Züge annehmen. Oder womöglich, was noch überraschender wäre, zu Vorbildern werden. □

Jesse Kornbluth, 47, überzeugter New Yorker, schreibt für „Esquire" und „Vanity Fair". Kürzlich veröffentlichte er ein Buch über den kriminellen Finanzjongleur Michael Milken, das mit Robert De Niro verfilmt werden soll. Kornbluths Text übersetzte Hans-Joachim Becker.

Long Island

Natürlich sehen die Villen an den Stränden von Long Island anders aus als die Hochhaustürme zwischen Hudson und East River. Und doch kann man auf der Halbinsel vor den Toren der Stadt so etwas wie die zweite Erschaffung Manhattans besichtigen: die ziemlich exakte Reproduktion des New Yorker Gesellschaftslebens

MANHATTAN jr.

Wäre es hier auch noch kalt und windig und verregnet und ungemütlich – der Besucher könnte fast denken, er sei auf Sylt: Sommerhaus am Strand von East Hampton

Es sind veritable Anwesen, die Häuser am Ostzipfel Long Islands, auch wenn hier und da ein Bauernhof noch von anderem Lebensstil kündet

Über 200 Kilometer Strand zwischen Queens und Montauk: Im Sommer ist Long Island Ziel von Zehntausenden, die für Stunden oder Tage das schwülheiße New York verlassen

VON JOHN LEO

Man müßte die Szenen simultan erleben, um Long Island wirklich zu begreifen. Zum Beispiel an einem Samstag im Spätsommer: Medienköpfe, Banker und Versicherungsmanager haben sich in Southampton bei Gilbert Kaplan versammelt, dem Gründer des renommierten Finanzmagazins „Institutional Investor". Zum Lunch spielt eine Jazzband auf. Im Pool führen Turmspringer ihre Kunststücke vor. Daß einige von ihnen zur Olympiamannschaft gehören, ist nichts Besonderes. Nicht hier.

Nur ein paar Meilen entfernt, auf einem Feld in Bridgehampton, schubsen sich derweil Besucher durch die Hampton Classics, eine der größten Pferdeschauen der Welt.

Wieder etwas weiter, in Sag Harbor, speist zur gleichen Zeit Amerikas bekannteste Feministin Betty Friedan mit dem Romanschriftsteller Kurt Vonnegut.

Und hinter einem Supermarkt in East Hampton tragen gerade „Künstler" und „Autoren" (man beachte den feinen Unterschied) ihr jährliches Softball-Match aus. Auf seiten der Künstler spielen der Sänger Paul Simon (ein guter Athlet, der niemals lächelt), der Maler Eric Fischl und Hollywoodstar Christopher Reeve, der im Sport alles andere als ein Superman ist.

Der Moderator dieser Veranstaltung ist im Hauptberuf Präsident der Fernsehanstalt CBS. Auch der Schiedsrichter gilt als Respektsperson. Es ist William Safire, der gefürchtete politische Kolumnist der „New York Times".

Das Team der Künstler hat heimlich eine professionelle Baseballwerferin angeworben, eine Powerfrau, wie

Peter Jennings, Moderator von ABC-News, feststellen muß, als ihr Wurfgeschoß mit über 100 Meilen pro Stunde an seinem Kopf vorbeizischt.

Jennings verliert etwas den Überblick, für den er vor der Kamera so berühmt ist, fängt sich dann aber und setzt zwei Helme übereinander auf.

Amerika wie aus dem Bilderbuch: Southampton gehört zu den schönsten Dörfern der Halbinsel. Und über jede Veränderung wacht der Bürgersinn

Überblick und Ordnung zu wahren – das ist eines der obersten Gebote in den Hamptons, jener Sommerfrische 60 Meilen östlich von Manhattan, deren Name irgendwie nach einer Großfamilie klingt, die aber in Wahrheit eine Ansammlung von wunderschönen Dörfern am Ostzipfel von Long Island ist. Ein beinah metaphysischer Ort, denn hier trug sich die zweite Erschaffung Manhattans zu.

So wie sich manche New Yorker Berufsgruppen an bestimmten Avenuen ansiedelten – die Werber an der Madison, die Modemacher an der Seventh –, so wurden auch die zehn Dörfer der Hamptons unter den verschiedenen Branchen Manhattans mehr oder minder präzise aufgeteilt. Wer in dieser Wochenendenklave, in die das bessergestellte New York sommers von Freitagnachmittag bis Sonntagabend lemmingartig hinausströmt, dazugehören will, muß wissen, wo er hingehört.

Man bleibt am liebsten unter sich, und so könnte ein Journalist Jahre in Sag Harbor verbringen, ohne ein einziges Mal einen Juristen aus Quogue, einen Bildhauer aus Sagaponack oder einen Psychologen aus Amagansett zu treffen. Wie New Yorks fünf Boroughs sind auch die Hamptons kein „melting pot“, kein Schmelztiegel, sondern eine Ansammlung von Gettos.

Der Autor Wilfrid Sheed hat beobachtet, daß zu Dinnerparties in London ein Politiker, ein Musiker, ein Geschäftsmann, ein Geistlicher und so fort geladen werden, während in Manhattan Anwälte nur Anwälte, Journalisten nur Journalisten zu sich bitten. Und die Hamptons sind nichts anderes als die Fortsetzung des New Yorker Stammesdenkens.

Zweieinhalb Stunden sind es per Zug von der City bis hinaus zu den Buchten und Dünen und Inseln und Kiefernwäldern, für die Long Island berühmt ist. Einmal dort angekommen, entdeckt der Besucher schnell, daß jede Gemeinde der Hamptons ihr eigenes Sozialverhalten hat.

Southampton, etwa in der Mitte von Long Island gelegen, ist ein elegantes, 350 Jahre altes Dorf. Hier wohnen Industrielle und Salonlöwen irisch-katholischer Abstammung, die aus Newport in Rhode Island nach Southampton gezogen sind, weil sie von den dort vorherrschenden „White Anglo-Saxon Protestants", jener „WASPs" genannten angelsächsischen Elite, geschnitten wurden.

Die meisten Leute in den Hamptons kleiden sich mit Poloshirts und Jeans oder zerknitterten Hosen, die auch auf Dinnerparties getragen werden. Southampton ist anders: Zitronengelbe Hosen und blankgeputztes weißes Schuhwerk gehören hier zur traditionellen Sommeruniform der Männer. Nur die Mitglieder des örtlichen Meadow Club, der über mehr Rasen-Tennisplätze als Wimbledon verfügt, tragen seit Generationen pures Weiß.

Quogue, ein prüdes Kaff westlich von Southampton, ist wiederum der einzige Ort der Hamptons, wo Männer zum Dinner Krawatte tragen. Die Kleiderordnung sieht außerdem Hemd, Blazer und Gucci-Halbschuhe ohne Socken vor. Quoguees verachten Publizität. Während in East Hampton jedermann versucht, sein Bild oder seinen Namen auf einer Zeitungsseite wiederzufinden, tut in Quogue jeder alles, um nur nicht aufzufallen. Entsprechend unbekannt ist der Ort.

East Hampton ist für viele das schönste Dorf Amerikas, doch es fehlt ihm an der Tradition Southamptons. Deshalb konnte sich hier das neue Geld ansiedeln, Steven Spielberg zum Beispiel und andere Immigranten aus Hollywood. Eine Faustregel besagt, daß die Vizepräsidenten eines Konzerns in Southampton wohnen, die Präsidenten hingegen in East Hampton. Die schöne Landschaft ringsum zog in den fünfziger Jahren eine Reihe von Künstlern an, vor allem solche, die keine Landschaften malten, Jackson Pollock zum Beispiel.

Im weiter östlich gelegenen Amagansett sind die Sommerresidenzen schon kleine Schlösser, heißen aber immer noch „cottages". Erst kürzlich befand ein Lokalblatt, daß die Further Lane, eine Straße von East Hampton nach Amagansett, herausragende Häuser in „jedwedem Stil" aufweise, ob Tudor, toska-

nisch, palladianisch, kolonial oder modern, und daß überall Obsthaine blühten. Tennisplätze und Schwimmbäder verzeichnen regen Betrieb. Zur lokalen Prominenz gehören Billy Joel und die Schauspielerin Kathleen Turner.

Vor einer Generation schien es, als ob jeder New Yorker Psychiater seine Ferien in Amagansett verbrächte. Es kursierte der Witz, daß eine einzige Bombe, gezündet an einem Augusttag an der Indian Wells Beach, die ganze freudianische Bewegung und Amerikas Geisteszustand ruinieren könne.

Wer sich in den Hamptons ansiedelt, der hat es meist nicht mehr nötig, zu grübeln, ob er dem Kind ein Pony schenkt oder nur ein Schaukelpferd

Die Angesprochenen ließen sich davon nicht irritieren. Heute noch verbringen viele hier den Sommer. Der Rest verläuft sich inzwischen bis nach Connecticut.

Montauk ist das Äußerste, was Long Island zu bieten hat: schroffe Klippen, dichte Wälder und Winde, welche die Wangen röten. Das richtige für Fischer und Einsiedler. Und Dichter.

Der Schweizer Max Frisch hinterließ die autobiographische Erzählung „Montauk" über eine Romanze auf Long Island: „Rasen um kleine hölzerne weiße Villen, Rasen und Bäume, alles gepflegt… Keine Zäune; alle sind wohlhabend in diesem Bezirk, alle haben Blumen, Wohlstand als Natur. Sogar der blaue Himmel erscheint wie gepflegt. Da und dort steht eine glänzende Limousine. Ein Rasensprenger gegen die grüne Langeweile. Es ist einerlei, ob man in dieser oder der anderen Richtung geht: Rasen und Bäume, die weißen Villen."

Die ersten Hamptons-Pilger waren nach dem Bau der Eisenbahn 1872 nach Long Island gezogen. Dann kamen die Künstler. Ihnen gefiel das Licht, das manche an Südfrankreich erinnerte. Der Landschaftsmaler Thomas Moran notierte, er kenne für Künstler nur zwei ideale Orte in Amerika: den Grand Canyon und East Hampton.

70 Jahre später, am Ende des Zweiten Weltkriegs, zogen Maler wie etwa Willem de Kooning auf die Farmen rund um das Dorf Springs. Sie suchten vor allem Ruhe und Abgeschiedenheit und brachten eine ganze Subkultur von Galeristen, Kritikern und Künstlergroupies mit.

Dann kamen die Schriftsteller. Sie siedelten am liebsten in Bridgehampton. Bobby Vans Restaurant ist heute noch stolz darauf, daß sich hier Truman Capote und James Jones betranken. Und im Southampton Hospital führen Schwestern gern die Krankensuite vor, in die Capote sich zu Ausnüchterungen zurückzog.

Die Romanautoren und Kritiker kauften sich Farmen, die Journalisten und Verleger zogen nach Sag Harbor, in ein altes Walfangnest. Und bald schon wurde das allsommerliche Baseballspiel in Sag Harbor so etwas wie der gesellschaftliche Höhepunkt der Saison. Chefredakteure von 22 Magazinen nahmen bis heute an diesen Matches teil. Auch Paul Newman und die Watergate-Enthüller Bob Woodward und Carl Bernstein waren schon dabei oder sahen zumindest zu.

Diese Hamptoners repräsentieren die für Sag Harbor typische „new class", jene Menschen, die davon leben, Wörter und Symbole für die postindustrielle Gesellschaft zu erfinden. Sie können mit Sprache umgehen, sie sind mobil und begierig auf immer neue Trends.

Herbstende in Montauk: Die Saison dauert auf Long Island von Ende Mai bis Anfang September. Für diese Zeit kosten schon einfachste Strandhäuser 10 000 Dollar Miete

Der neue Reichtum, der während des Booms der achtziger Jahre in der Wall Street aufgetürmt wurde, suchte in East Hampton nach bodenständiger Verzinsung. Dort war die Schichtung der Gruppen weniger eindeutig als in Southampton. Vor allem aber: Die Einheimischen akzeptierten auch Juden.

Das ist keine Selbstverständlichkeit. Offiziell leugnen die Hamptoners zwar jedes antisemitische Gefühl, und offene Feindschaft ist selten anzutreffen. Doch versteckte Unmutsäußerungen bleiben nicht aus. Eine Alteingesessene von East Hampton sagt, früher seien die Häuser am eleganten Maidstone Club ausschließlich Mitgliedern vorbehalten gewesen. Heute mißfällt ihr, daß Juden sich dort eingekauft haben.

Der „Maidstone" und andere etablierte Countryclubs führen kaum mehr als ein oder zwei jüdische Mitglieder

in ihren Registern. Deshalb eröffneten im vergangenen Jahr Wall-Street-Größen wie der auf mehrere hundert Millionen Dollar Vermögen geschätzte Firmenaufkäufer Henry Kravis ihren eigenen Golfclub, den „Atlantic", der Juden aufnimmt. Das Eintrittsgeld: 100 000 Dollar.

Und die Alteingesessenen? Sie schlagen seit über 100 Jahren kräftigen Profit aus dem Verkauf ihrer Kartoffelfelder und Strandparzellen und haben sich doch nie kaufen lassen. Denkmal- und Naturschutz nehmen sie ernster als andere Amerikaner.

In den Gemeinderäten ruft etwa die Ladies Village Improvement Society jeden zur Ordnung, der ein altes Holzhaus verschandelt, ohne Genehmigung einen Swimmingpool baut oder es, wie einst der italienische Schlachter von East Hampton, wagt, ein kleines pinkfarbenes Neonschweinchen ins Fenster zu stellen.

Hollywood-Schauspielerin Faye Dunaway kehrte deswegen East Hampton wütend den Rücken. Auch Paul Simon spürte schon den Eiseshauch der Ureinwohner, als er es wagte, in seinem Garten geschützte Pflanzen ausreißen zu lassen, was nicht unentdeckt blieb. Um den Sympathieverlust wettzumachen, gab er 1990 ein Benefizkonzert für den einsturzgefährdeten Leuchtturm von Montauk.

Die Hamptoners, so scheint es, werden auch in Zukunft auf die Einhaltung der von ihnen aufgestellten Regeln pochen. Das Dasein in streng voneinander abgegrenzten Reservaten dagegen überlassen sie gern den Fremden. □

John Leo, 57, Senior Editor beim „U.S. News & World Report", ist der Doyen des sportlichen Lebens von Long Island: Er organisiert die alljährlichen Baseballspiele der Hamptons. Übersetzung: Holger Christmann.

LIEBESGRÜSSE AUS MOSKAU

New York ist männlich, Moskau ist weiblich. Die Stadt am Hudson sieht in ihren bröckelnden Vierteln beinah postsowjetisch aus, die an der Moskwa wird dagegen immer stärker amerikanisiert. Viktor Jerofejew vergleicht

Nicht ohne Grund ist New York auf russisch ein ER und Moskau eine SIE. Moskau ist eine horizontale weibliche Stadt, mit dem Kreml, dem Schoß einer immer noch geheimnisvollen, rätselhaften Macht, umwuchert vom Ring der Boulevards im Zentrum. Konzentrisch, rund wie ein Gebäckkringel, hat sie sich ausgebreitet auf dem Bett der russischen Ebene. In schläfriger Erschöpfung liegt sie da mit ihren Zwiebelkuppelbrüsten und bohrt in der Nase. Hier dominiert weibliche Hysterie, hier sind mehr Frauen als Männer auf den Straßen zu sehen. Eine Stadt der Weiberenergien; des Gezänks in den Wohnungen, der Ohs und Achs, der Panik – alles ist weiblich, auch der Moskauer Gang; der ist schlurfend wie bei einem Marktweib.

New York dagegen ist männlich, phallisch, muskulös. Eine Stadt der ewigen Erregung, der kraftvollen Erektion, in der sich die Yuppies flink wie Spermatozoen an einem sonnigen Septembertag über das Trottoir der Fifth Avenue ergießen.

Am schönsten in Manhattan ist die Stunde vor dem Lunch mit ihrer Parade der Büroangestellten, die sich im Bewußtsein erfüllter Pflicht auf dem Weg zu einem wohlverdienten Snack befinden. Man möchte meinen, im nächsten Augenblick würden all diese braungebrannten Anzugträger gemeinsam ein Lied anstimmen, doch nein, sie halten sich selbst für viel zu verschieden, als daß sie einen Chor bilden könnten, und das Lied kommt nicht zustande.

In New York habe ich oft an den sowjetischen Romanhelden Pawka Kortschagin gedacht. Dieser tolle Bursche mit der tadellosen Moral und seiner Neigung zu großen Taten hätte zum Symbol dieser Stadt werden können, die einem mächtigen Martinofen ähnelt, in dem die Menschen wie Stahl gehärtet werden. Der blinde, gelähmte Autor Nikolai Ostrowski (jeder russische Schüler kennt seine Bücher bis zum Erbrechen), der in den dreißiger Jahren in dem beispiellosen Sowjet-Bestseller „Wie der Stahl gehärtet wurde“ die Siege seines Helden Kortschagin an der Kriegs- und Arbeitsfront besungen hat, wird sich vermutlich bei diesen Worten in seinem kommunistischen Grab umdrehen, aber woher auch hätte er wissen sollen, daß der Bolschewismus nicht ewig und der Mensch einzig nutzlose Passion ist?

In meiner Phantasie ist Pawka Kortschagin nach New York geflüchtet. Er ist der neue Amerikaner, befreit von marxistischen Illusionen, Individualist statt Kollektivist, Absolvent einer hochangesehenen Universität und Selfmademan – ein stets lächelndes und zielstrebiges Energiebündel, vor dem sich jeder noch so strebsame Yuppie nur als bläßlicher Imitator ausnimmt. Aber was soll man machen, wenn die Geschichte anders disponiert hat? Der große Kortschagin (den es unter anderem Namen tatsächlich gegeben hat; Helden mußte man in der Sowjetunion nicht erfinden) hat dran glauben müssen, wahrscheinlich auf einer Lagerpritsche in Sibirien, und seine New Yorker Doppelgänger sind auch ohne ihn zu Stahl gehärtet worden.

Ich hingegen habe mir erlaubt, mich unbekümmert zu entspannen. Daran ist Michael Lawrence schuld, fürchte ich. Gleich nach meiner Ankunft tauchte er in meinem Hotel auf, um einen Brief aus Moskau abzuholen. Dort war ich in düsterer Stimmung abgereist; am Tag zuvor hatten fünf Typen auf dem Arbat, mitten im Zentrum Moskaus, meinen 16jährigen Sohn mit Messern überfallen und beraubt. Den Rest dieses Tages hatte ich beim Untersuchungsrichter verbracht, der mir betrübt das Anwachsen der Jugendkriminalität in den schillerndsten Farben beschrieb. Meine Frau sagte vor meiner Abreise zu mir: „Du fährst von einer Gangsterstadt in die andere."

Sie hatte recht, aber Michael Lawrence, der in Harlem eine einfache Computermethode zur Alphabetisierung von Erwachsenen entwickelt hat, konnte mir erfolgreich einreden, daß Probleme wie Rassismus, Drogenabhängigkeit und Kriminalität etwas übertrieben dargestellt würden, und daß man sich bloß morgens in Manhattan an einen Ausgang der Subway stellen müßte, um Dutzende von schwarzen Geschäftsleuten mit schicken Krawatten zu sehen.

Guten Mutes ging ich, ohne den Morgen abzuwarten, die Seventh Avenue hinunter durch ganz Manhattan. Meine abendliche Begleiterin wurde die russische Emigrantin Olga (eine *Zentaurin* mit den redlich einstudierten verschiedenen Gesichtchen einer New Yorker Sekretärin und der allmählich verblassenden Mentalität einer umtriebigen Moskauer Szenenudel), die sich vorgenommen hatte, mir eine vor kurzem im East Village errichtete Skulptur zu zeigen, die zwei Homosexuelle und zwei Lesben darstellt.

Zusammen mit Olga begann ich, Vergleiche anzustellen: zum Beispiel, daß in New York die Beerdigungen männlich sind und mit Tränen geizen, während Moskau die Stadt der offenen Tränen und der bei Beerdigungen offenen Särge ist. Moskau schämt sich seines Kummers nicht; denn seine Kraft besteht in der Bereitschaft zum Unglück, zum Leiden.

Plötzlich spuckte mir durchs offene Fenster eines vorbeifahrenden Autos ein dunkelhäutiger Typ mit dicken Backen satt und gezielt ins Gesicht. Kumpelhaftes, triumphales Gelächter. Erschrockene Miene meiner Begleiterin. „Wer waren die?" fragte ich, während ich mir das Gesicht abwischte und dem davonfahrenden Auto nachblickte.

„Puertoricaner."

„Wofür?"

„Wofür hat man '37 bei uns die Leute eingesperrt?"

„Das war der pure Terror damals bei uns!"

Olga zuckte die Achseln.

„Ob die Spucke vielleicht giftig war?" erkundigte ich mich für alle Fälle.

Im Tiefsten meines Herzens war ich jedoch froh, denn dies war eine echte Aggression; erst sie hatte mich in New York materialisiert. Den wißbegierigen Neuankömmling, der durch die Stadt lief und überall seine Nase hineinsteckte, hatte New York nicht ohne Grund angespuckt. Ich hatte viel zu leicht in seine Geheimnisse eindringen wollen. Hätte ich versucht, Moskau unter den Rock zu gucken, ich hätte mir wahrscheinlich eine schallende Ohrfeige eingefangen. New York und Moskau mögen den Blick von außen, den Blick des Fremden nicht, darin stimmen sie überein, darin würden sie sich verstehen, wenn sie nur nicht so unterschiedliche Charaktere hätten.

Randall Koral, ein freischaffender Dramatiker mit Zöpfchen (dem Symbol der New Yorker Unabhängigkeit), sagte, das Angespucktwerden sei unausweichlich wie eine Kugel gewesen. „New York, das sind keine Olympischen Spiele, das ist die Front", erklärte er mir in einem italienischen Restaurant, welches im übrigen nicht die geringste Ähnlichkeit mit einer Feldküche hatte. „Hier muß man die vorgeschriebene Uniform tragen. Jeans, Sweatshirt und Kreditkarte in der Hosentasche. Ansonsten hauen sie dir eine rein."

„Das Leben in New York", fuhr er fort, „ist wie eine Metapher für die Realität selbst, die keinerlei Hoffnung mehr auf das Gute im Menschen

»IN NEW YORK MUSS MAN TANZEN KÖNNEN, UM NICHT AUF DIE SCHNAUZE ZU FALLEN«

übrigläßt, es ist wie eine Illustration für einen existentialistischen Roman: sinnlos, zufällig, und alles sonst auf der Welt, inklusive Paris, ist ein Irrtum."

Ich meinerseits stellte folgendes fest: Wenn ich sagte, mir sei eine *unangenehme* Geschichte passiert, machten meine Gesprächspartner eine Pause und hatten es nicht eilig nachzufragen. Erzählte ich dasselbe als *lustige* Geschichte, reagierten sie darauf mit erleichtertem Gelächter.

Ein schwarzer Freund, Redakteur beim „Wall Street Journal", gab mir auf, das Leben in New York als Ballett zu sehen: „Hier muß man zu tanzen verstehen, wenn man nicht stolpern und auf die Schnauze fallen will." Sein Sohn, so erzählte der graumelierte, wohlriechende Mann, markiere, wenn er in der Subway angepöbelt werde, den Schwachsinnigen und lasse seine Arme und Beine zittern.

Gefahren schärfen den Verstand des New Yorkers, der ohnehin ein Schnelldenker ist und denkt, als ob er eine Treppe hinaufliefe – immer zwei Stufen auf einmal. Gerade in New York ist Kürze die Schwester des Talents. In Moskau redet man unter Freunden stundenlang und kann sich nicht voneinander trennen, in New York dagegen schafft man es nicht, einander zu treffen. Ich weiß, daß es in Manhattan liebe, intelligente Leute gibt, die davon träumen, abends mit einem Buch auf dem Sofa herumzuliegen und Schubert zu hören, aber der „Workaholismus" beraubt sie ihrer freien Zeit, des vielleicht wichtigsten menschlichen Privilegs.

Dem New Yorker Schicksal kann man nicht entfliehen. Aber als meine amerikanische Verlegerin erzählte, sie hätte, als sie einen Fotoband über die Unruhen der sechziger Jahre in Harlem vorbereitete, Probleme mit dem Copyright gehabt, weil die Mehrheit der Kinder auf den Fotos inzwischen entweder an Drogen oder bei Schießereien gestorben war, da begann ich doch zu zweifeln: Ist das nicht alles pure Übertreibung?!

Im schwarzen Teil von Brownsville, East Brooklyn, zerstreuten sich allerdings schon bald meine Zweifel. Dorthin fuhr ich in einem provozierend roten Auto mit Greg Donaldson, einem verzweifelten Humanisten, der das satte Manhattan haßt. An den Wänden der schmutzigen Einheitskästen, die mich an Moskauer Arbeitervorstädte erinnerten, grelle Graffiti: „In memory of ..." Zum Gedenken an die bei Schießereien Umgekommenen.

Wir fuhren durch finstere Straßen voller Müll, in denen die Dealer ganz offen ihre Zellophantütchen mit Drogen präsentierten. Als sie unser Auto sahen, riefen sie aufgeregt: „Polizei, Polizei ..." und rührten sich nicht vom Fleck.

Dann hielt Greg neben dem Wagen eines schwarzen Polizisten, den er kannte. „Wie geht's?" fragte er.

„Das Wetter ist eine Hilfe", antwortete der Officer. „Schlimmer wird's, wenn sie wieder ihre Jacken anziehen."

„Wieso?" mischte ich mich ein.

„Knarren", sagte der Polizist grinsend.

Die Rückfahrt ging über die Brooklyn Bridge. Ob wir wollten oder nicht, das Postkartenpanorama von Manhattan bei Nacht versetzte uns in Entzücken.

„Das ist unser Sex-McDonald's", verkündete später gastfreundlich der Besitzer eines der „Peeplands" auf Höhe der 42nd Street. Diese Etablissements zeigte mir Gil Reavill, Geschichtenerfinder bei der Pornozeitung „Screw". In Moskau liegt das Sexbusiness noch in den Windeln, es ist gerade erst im Begriff, sich in Unterführungen und an Metro-Eingängen durchzubeißen; da werden Blättchen mit Titeln wie „Mehr" angeboten, bei denen man wegen der miesen Druckqualität Schwierigkeiten hat, die männlichen von den weiblichen Geschlechtsorganen zu unterscheiden.

Für die Details muß man nach New York reisen. Forsche Stripperinnen überfahren einen

buchstäblich mit ihren Genitalien (New York ist überhaupt und in allem ein Triumph der Großaufnahme) und bieten einem an, zusammengerollte grüne Scheinchen hineinzustecken, während sie geschäftig auf die Uhr gucken. Der New Yorker „fast sex" ist auf die Minute, auf den Dollar genau kalkuliert. Billiger kommunizieren läßt sich (man wirft wie in der ähnlich riechenden Subway eine Automatenmünze ein) durch ein Fensterchen, durch das man die Hand stecken und an der entscheidenden Stelle reiben darf, aber schwuppdiwupp klappt das Fensterchen wieder zu.

„In diesen Etablissements ist Sex biologisch vorprogrammiert wie Stuhlgang", bemerkte Gil (Brille und ebenfalls Zöpfchen) melancholisch. Später stellte sich heraus, daß er Dichter und Yeats-Verehrer ist. Wie ein Turgenjewsches Fräulein errötete Gil bei seinem Geständnis, er schreibe klassische Sonette. Gedichte zu schreiben war ihm offenbar peinlicher als alles andere.

Warum hat es mich auf den Grund gezogen? Wahrscheinlich wollte ich mir klarwerden über die Ursachen für das hartnäckig negative Verhältnis der russischen Intelligenzija zu New York, angefangen bei Gorki, der 1906 eine gehässige satirische Skizze mit dem Titel „Die Stadt des gelben Teufels" schrieb.

Lena und ich hatten uns dazu einen bösen Scherz ausgedacht. Sie ist eine junge Schwarze mit komplizierter Familiengeschichte, die ihr ganzes Leben in Moskau verbracht hatte und erst vor zwei Jahren nach New York übersiedelt war. Natürlich sprachen wir Russisch miteinander, und prompt kam überall die Frage: In welcher Sprache sprechen Sie? Taxifahrer interessierten sich dafür, Kellner, meine neuen Freunde.

„Russisch", antwortete ich.

„Schön", sagten sie, „aber warum spricht *sie* Russisch?"

„Sie kommt aus Rußland."

„Wie denn das?"

„Tja", sagte ich ruhig. „Die Mehrheit der Russen ist schwarz."

„Was denn, schwarz?"

„Wie?" wunderte ich mich meinerseits. „Wußten Sie das nicht?"

Meine Gesprächspartner verstummten für einen Moment, aber dann platzte es geradezu aus ihnen heraus: „Hab ich's mir nicht immer schon gedacht! Aber warum zeigen sie dann in unseren verdammten Zeitungen und auch bei uns im Fernsehen nie schwarze Russen?! Rassismus ist das!"

„Allerdings", sagte ich. „Zeigen die wirklich nie schwarze Russen?"

Das war gemein, aber mit Ausnahme von Intellektuellen sind alle drauf reingefallen. Alle waren empört, alle wunderten sich! Zuerst haben wir uns darüber kaputtgelacht. Dann jedoch griff ich mir an den Kopf. Das ist doch New York hier! Der Nabel der Welt!

Für Europa ist es leicht, Amerika *nicht* zu lieben, schuldet es ihm doch nur oberflächlich Dank für die Nachkriegsfreiheit. Amerika ist aus der Kultur herausgefallen. Moskau und New York, das sind zwei Behinderte, denen allerdings unterschiedliche Gliedmaßen fehlen. Moskau fehlt das Bein der Freiheit, und jede heutige (Jelzinsche) Prothese reibt bloß den müden Stumpf wund. New York dagegen fehlt das Bein der Kultur. Die ist einfach nicht gewachsen, aus Mangel an Zeit und Bedarf. Freiheit ohne Kultur aber ist eine nicht weniger groteske Angelegenheit als Kultur ohne Freiheit, und ein Einbeiniger kann beim besten Willen eben nur bei Olympischen Spielen für Behinderte antreten.

Das betrifft Moskau ebenso wie New York. Diesen Wettlauf kann Europa vom hohen Roß aus beobachten, solange ihm nicht von einem der zwei Krüppel oder auch von beiden gemeinsam die eigenen Gliedmaßen kaputtgeschlagen werden. Aus Zerstörungswut. Oder aus Neid. Oder doch eher aus Unvorsichtigkeit.

Aber der Blick auf Manhattan von der Brooklyn Bridge ist wundervoll, weiß Gott, wundervoll. □

Viktor Jerofejew, 45, Autor des Romans „Moskauer Schönheit", ist der bekannteste lebende Schriftsteller Rußlands. Übersetzt wurde sein Essay von Beate Rausch.

MÄNNLICH ohne
Kompromisse.
Schiesser Classics.
COTTON USA
Schiesser

SÜDAFRIKA

Das nächste GEO-Special erscheint am 14. April

Kapstadt, geschützt von Tafelbergmassiv und zwei Ozeanen, gilt als schönstes Ende der Welt. Die Goldmetropole Johannesburg verdankt ihren Reichtum der schwarzen Arbeitskraft aus den Dörfern Natals und der Transkei

Südafrika, das ist die ganze Welt in einem Land. Erste und Dritte Welt zugleich. Maßlos im Anspruch und überempfindlich gegen Kritik. Ein Land ohne Mitte, aber gierig nach Ausgleich. Zweigeteilt in Hütten und Paläste, Reformer und Rassisten, Helden und Mörder, Herren und Mägde. Doch ein Land im Umbruch. Unruhig, fiebrig, verrückt. Im Wechselbad zwischen Euphorie und Depression. Heute noch Opfer blutigen Bürgerkriegs, morgen schon Lokomotive des Kontinents. Ein Stück Erde, das niemanden kalt läßt. Leichtsinnig wie Kapstadt, gewalttätig wie Johannesburg, einladend wie der Indische, abweisend wie der Atlantische Ozean. Bizarr wie die Bergwelt, bequem wie der Krüger-Nationalpark, einsam wie die Karoo. Begehrt von Buren und Briten, Zulu und Xhosa, Sotho und Tswana. Seit Jahrhunderten umstritten. Seit '89 im Aufbruch. Erstmals vor demokratischen Wahlen. Wie gemacht für Menschen, die sich einmischen.

Fotovermerke nach Seiten. Anordnung im Layout: l. = links, r. = rechts, o. = oben, m. = Mitte, u. = unten

Titel: Georg Fischer/Bilderberg

S. 5: Heiner Müller-Elsner: o.; Louie Psihoyos/Matrix/Focus: u.

S. 6: Jan Staller: o.; Eugene Richards/Magnum: m; Georg Fischer/Bilderberg: u.

S. 7: Tom Nagy: o.; Marc Asnin/Focus: m.; Thomas Höpker/Anne Hamann: u.

DAS EPIZENTRUM
Hiroji Kubota/Magnum/Focus: 8/9; Elizabeth Lennard: 10/11; Art Kane: 12/13; Lynn Butler: 14/15; Wilfried Bauer: 16/17; Bruce Davidson/Magnum/Focus: 18/19; Jan Staller: 20/21; Chip Simons: 22/23; Duane Michals/Courtesy Sidney Janis Gallery, New York: 24/25; Joel Meyerowitz: 26/27; Scott Thode: 28/29; Lionello Fabbri: 30/31

EINE SELTSAME AFFÄRE
Jake Rajs: 33-38

TEMPO
Nagamitsu Endo/DOT: 40 l. o.; Spencer Jones/Bruce Coleman Inc.: 40 m. o.; Jason Eskenazi/Visions/Focus: 40 r. o.; Kenneth Jarecke/Contact/Focus: 40 l. m.; Sybil Shelton/Peter Arnold: 40 l. u.; Jay Maisel: 40 r. u., 41 r. u., 42 m. o., l. m., l. u.; Sepp Seitz/Focus: 41 l. o.; Audrey Gottlieb: 41 r. o.; Peter B. Kaplan: 41 r. m., 42 m. u.; Catherine Karnow/W. Camp/Focus: 41 l. u.; Dag Sundberg/TIB: 41 m. u.; G. Planchenault/ Vandystadt/Focus: 42 l. o.; David Handschuh: 42 r. o.; Hiroyuki Matsumoto/Black Star: 42 r. u.; Mark Peterson/JB Pictures: 43 m. o.; John P. Kelly/TIB: 43 r. o.; Ken Regan/Camera 5: 43 r. m.; Frank Fournier/Contact/Focus: 43 l. u.; David M. Grossman/Photo Researchers: 43 m. u.; Louis H. Jawitz/TIB: 43 r. u.

DER TOD UNTER DER SCHÄDELDECKE
Eugene Richards/Magnum: 46–51, 54, 56, 58; Eugene Richards/Magnum/Focus: 52, 53, 55; Carmen Scherzo: 59 o.; Josef Hurban: 59 u.

ENDSTATION SEHNSUCHT
Chuck Fishman: 60–70, außer 70 r. o.: Lance Morrow

ROMANCE
Ted Hardin: 72 l. o. und r. u.; Michael Garff: 72 m. o.; Louie Psihoyos/Matrix/Focus: 72 r. o., 73 r. m.; Sonia Moskowitz: 72 l. m. o.; Susan McCartney/Photo Researchers: 72 l. m. u; Christopher Morris/Black Star: 72 l. u.; Andy Levin: 72 m. u.; Mark Peterson/JB Pictures: 73 l. o.; Mike Yamashita: 73 m. o.; Peter B. Kaplan: 73 r. o. und l. u.; Jay Maisel: 73 m. u. und r. u.

DER TRAUM VON EINER STADT
Georg Fischer/Bilderberg: 74–90

GESELLSCHAFT MIT BESCHRÄNKTER HOFFNUNG
Jonathan Becker: 92–97

NIGHTLIFE
Patrick McMullan: 98 l. o., r. m. o., r. u., 99 m. u.; Richard Falco: 98 l. m. o.; Sonia Moskowitz: 98 r. o.; Volker Hinz/Stern: 98 l. m., 99 l. o., m. o., r. o.; Rita Barros: 98 l. u., 99 r. u.; Donna Schuchmann/Black Star: 98 m. u.; Lionello Fabbri: 99 r. m. o.; James Hamilton: 99 r. m. u.; Gerd Ludwig/W.Camp/Focus: 99 l. u.

DIE MACHT DER SCHATTEN
Tom Nagy: 102–110, außer Dave Braun/Courtesy of Permanent Subcommittee on Investigations, US Senate, Washington D.C.: 103 o., 104 o., 107 o., 108 o., 110 o.; Eric Pooley: 110 m. u.

ÄRGER
Andrew Savulich: 112 l. o., 113 l. o. und r. u.; Mark Peterson/JB Pictures: 112 m. o. und r. o., 113 r. o. und l. u.; Lori Grinker/Contact/Focus: 112 l. m. o.; G. Planchenault/Vandystadt/Focus: 112 l. m. u.; Charlyn Zlotnik: 112 l. u. und r. u.; Sylvia Plachy: 112 m. u.; Day Williams/Photo Researchers: 113 m. o.; Andrew Holbrooke/Black Star: 113 r. m. o.; Jason Eskenazi/Impact Visuals: 113 r. m. u.; Klaus Titzer/Anzenberger: 113 m. u.

JAGDSZENEN UM MITTERNACHT
Alex Webb/Magnum: 114–121

DER LANGE WEG ZU GOTT
Marc Asnin/Focus: 124/125, 128/129, 134; Marc Asnin/Saba: 126/127, 132, 136, 138 o.; John Martini: 130/131; Jon Naso/New York Newsday: 138 l. u.; Todd Weinstein: 138 r. u.

WALL STREET
Matthias Richter: 140 l. o.; Andrew Holbrooke/Black Star: 140 m. o. und l. u.; David Burnett/Contact/Focus: 140 r. o., l. m. o., l. m. u., r. u., 141 l. u., 142 m. o., l. m., m. u.; Jeff Perkell/Impact Visuals: 140 m.u.; Carolyn Schaefer: 141 l. o.; Dyana Vancampen/Picture Group: 141 m. o.; Andrew Popper/Picture Group: 141 r. o., 143 r. m.; Chuck Fishman/W. Camp/Focus: 141 r. m.; Frank Fournier/ Contact/Focus: 141 m. u., 142 l. o., 143 l. o.; Mario Ruiz/Picture Group: 141 r. u.; Jacques Lowe: 142 r. o.; Rob Nelson/Picture Group: 142 l. u.; FPG International: 142/143 u.; Peter Morgan/Picture Group: 143 m. o.; Jacques Lowe/W. Camp/Focus: 143 r. o.; Ken Regan/Camera 5: 143 m. u.; Alon Reininger/Contact/Focus: 143 r. u.

MANHATTAN JR.
Claudia Parks: 144/145, 146/147, 148 l. m. u. und l. u., 154/155; James Balog/Black Star: 148 l. o., 152/153, 156/157; Thomas Höpker/Anne Hamann: 148 l. m. o., 148/149, 150/151; Alexandra Brez: 157 r. u.

LIEBESGRÜSSE AUS MOSKAU
Wilfried Bauer: 159; Kenneth Jarecke/Contact/Focus: 160, 162

VORSCHAU:
Heimo Aga/Contact/Focus: 164 o.; Pascal Maître/Focus: 164 l. u.; Wolfgang Staiger: 164 r. u.

Für unverlangt eingesandte Manuskripte und Fotos übernehmen Verlag und Redaktion keine Haftung.

Einem Teil der Auflage liegen Prospekte für Time Life, Dr. Steinfels und Gruner & Jahr AG + Co. bei.